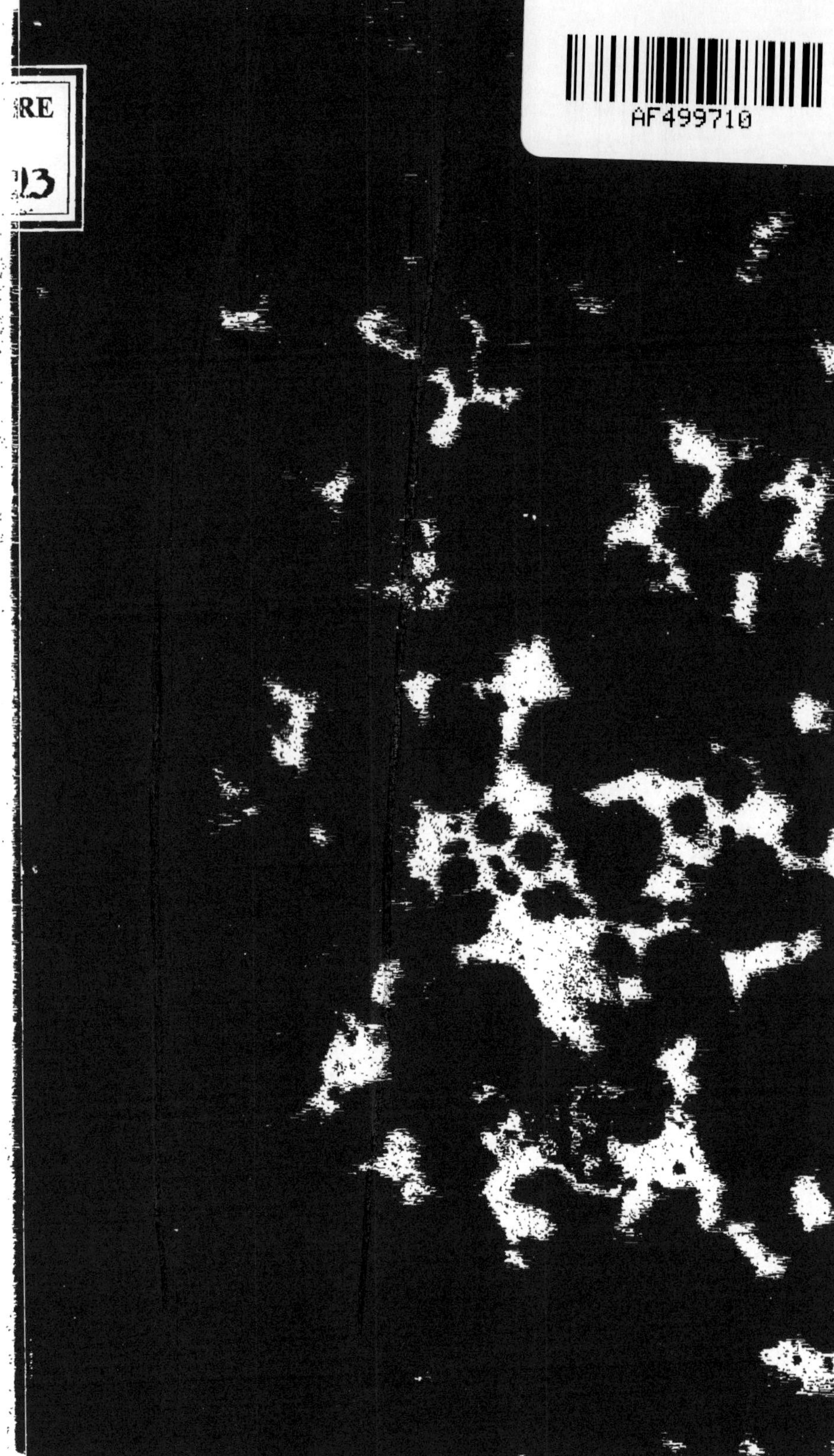
RE
23

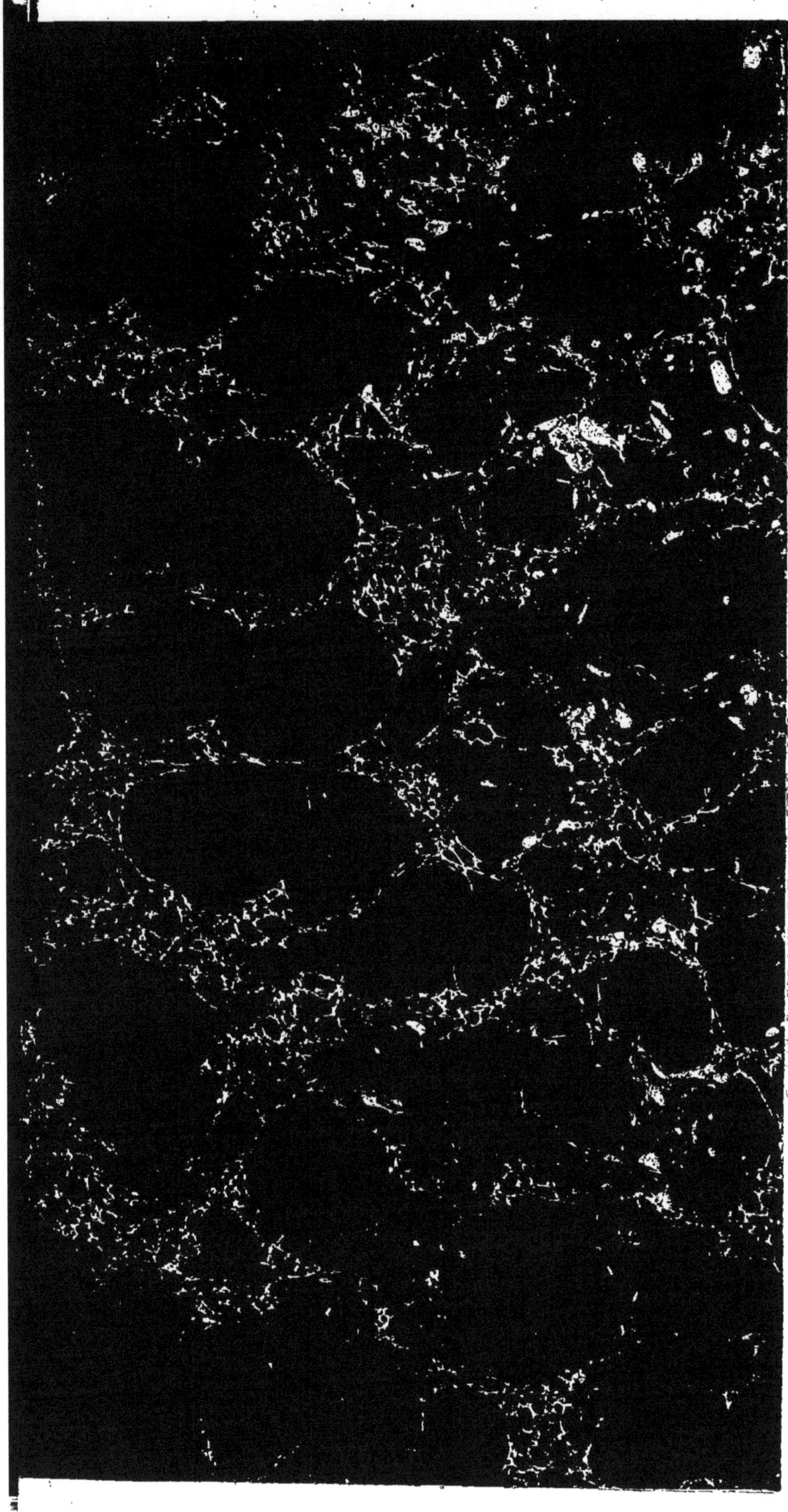

L'ART
DE
CONSERVER ET D'EMPLOYER
LES FRUITS.

IMPRIMERIE DE FAIN, RUE RACINE, N°. 4,
Place de l'Odéon.

L'ART
DE
CONSERVER ET D'EMPLOYER
LES FRUITS,

CONTENANT TOUS LES PROCÉDÉS LES PLUS ÉCONOMIQUES POUR LES CONFIRE ET POUR COMPOSER LES LIQUEURS, SIROPS, GLACES, BOISSONS DE MÉNAGE, etc.;

Pour faire suite à la Cuisinière de la campagne et de la ville.

TROISIÈME ÉDITION,

Augmentée de descriptions de plusieurs glacières domestiques et économiques, et d'une fontaine à conserver la glace.

AVEC FIGURES.

PARIS.

AUDOT, LIBRAIRE-ÉDITEUR,

RUE DES MAÇONS-SORBONNE, N°. 11.

1829.

PRÉFACE.

Après les graines céréales la terre ne fournit rien de meilleur et de plus utile à l'homme que les fruits. Il n'est pas de productions de la nature où se trouvent rassemblées un plus grand nombre d'excellentes qualités. Rien n'est comparable à leur beauté, à la variété, à la richesse de leurs couleurs; rien ne flatte davantage que la suavité de leur parfum. Quand ce parfum existe, il nous promet une saveur délicieuse, et trompe rarement; et quand il n'existe pas, le plus souvent la saveur est encore assez agréable pour ne point laisser de regret. Rien ne plaît comme leurs formes gracieuses, et rien enfin ne procure des jouissances plus vraies et sans aucun mélange de maux si l'usage n'en va pas jusqu'à l'abus. C'est à cause de tant de qualités qu'ils font autant la parure de nos tables que les délices de notre goût; aussi sont-ils recherchés avec autant d'empressement par l'homme du peuple qui s'en nourrit que par le riche voluptueux pour lequel ils ne sont qu'une superfluité; aussi sont-ils un objet important d'industrie dans les campagnes, un sujet considérable de commerce dans les villes, une grande ressource pour les pauvres, une source de dépenses pour les riches, et enfin un aliment sain et agréable pour tout le monde.

Mais si les fruits présentent tant d'avantages dans leur état naturel, combien [illegible] pas attendre encore lorsqu'on leur aura fait subir les préparations destinées à les rendre meilleurs, ou à leur conserver les excellentes qualités que la nature leur a prodiguées ! car, on ne peut se le dissimuler, les fruits n'ont d'existence que pendant un temps de l'année, qui paraîtrait bien borné si l'art n'était venu l'étendre par des moyens de conservation.

On n'a pensé d'abord qu'à les sécher, parce que c'était la première idée que devait faire naître le regret de voir leur maturité se passer trop vite, et que c'était d'ailleurs la préparation la plus facile ; mais on s'est bientôt aperçu que cette manière de conserver les fruits, en les séchant au soleil, à l'étuve ou au four, ne convenait qu'à un petit nombre, et qu'elle faisait plutôt perdre leurs qualités que de les augmenter. On doit donc convenir que l'art de conserver les fruits ne date réellement que du moment où l'on a imaginé d'en arrêter la décomposition au moyen de substances conservatrices; et ce moyen, les anciens n'ont pu l'employer, parce que les substances dont nous voulons parler, le sucre et l'eau-de-vie, sont une découverte moderne.

Le principal agrément des fruits est dû, sans contredit, à leur saveur sucrée, et le prrincipe qui y domine est le sucre. Il semble donc qu'en ajoutant du sucre à celui qu'ils contiennent déjà, on les conserve par le moyen le plus approprié à leur nature. Voilà pourquoi les préparations des fruits par le sucre sont les meilleures ;

et comme ce qui est meilleur devient toujours, avec le temps, d'un usage plus commun, il en est résulté que ce sont aussi les préparations les plus répandues.

Mais il ne faudrait pas conclure de cette similitude des fruits avec le sucre, que ce moyen de conservation soit le seul qui se rapporte à leur nature. Le second moyen que nous avons indiqué pour prolonger les jouissances que nous procurent les fruits, l'eau-de-vie, n'en diffère pas autant qu'on pourrait le croire au premier abord. Cette liqueur n'est que le produit de la fermentation du sucre. A la vérité on peut la produire par la distillation d'autres matières sucrées que celle que les fruits contiennent; mais il n'en est pas moins vrai que la meilleure eau-de-vie est produite par le plus commun de tous les fruits, le raisin. L'on doit même ajouter qu'il n'est pas de fruits dont le suc, mis dans des conditions convenables, ne puisse en produire plus ou moins. C'est donc encore dans un de leurs principes que sont placés les fruits lorsqu'on les conserve dans l'eau-de-vie. Toutefois il est juste de reconnaître que ce principe a moins d'analogie avec les fruits que n'en a le sucre. C'est ce qui nous a engagé à distinguer les préparations qui se font avec ces deux substances; et dans l'intention où nous étions de procéder en commençant par les préparations les plus simples, nous avons fait connaître d'abord celles qui ne sont dues qu'à l'action de l'air et de la chaleur, pour passer à celles que l'on fait au moyen du sucre, et finir par l'emploi de l'eau-de-vie.

Telle est la distribution de notre ouvrage; nous allons indiquer dans quel esprit il a été composé.

Nous avions remarqué que les livres qui traitent de la préparation des fruits étaient, les uns composés de recettes trop compliquées et trop savantes pour être facilement comprises, et surtout aisément mises en pratique; plusieurs trop peu expliquées pour être à l'usage des personnes qui, par état, ne préparent pas les fruits; enfin nous avions remarqué que dans quelques-uns il avait été fait un tel abus des aromates, qu'il ne s'y trouvait presque aucune recette pour conserver les fruits, même les plus délicats, où on ne lût d'abord : prenez du girofle, de la cannelle, etc., comme dans cette pièce où l'on répète si plaisamment, *prenez mon ours*, à quelque question que l'on ait à répondre. La lecture de tous ces ouvrages nous confirma dans l'opinion qu'un livre vraiment utile sur les fruits restait à faire. La promptitude avec laquelle les premières éditions de celui que nous publions se sont épuisées, nous a prouvé que nous ne nous étions pas trompé; et cependant la précipitation que l'on avait mise à composer la première avait été si grande, que c'était plutôt un recueil de recettes qu'un ouvrage raisonné, méthodique et complet : au contraire, on a eu tout le loisir de préparer les 2e. et 3e. éditions. Toutes les bonnes préparations qui avaient assuré le succès de la première ont été reprises; on a écarté toutes celles dont la réussite n'était pas certaine, ou dont l'expérience n'avait pas démontré la bonté; on les a remplacées par un bien plus grand nombre d'autres qui n'offrent pas d'incertitude dans leurs résultats; enfin nous pouvons assurer que toutes les recettes que nous avons rassemblées sont les meilleures possibles, en ce qu'elles n'indiquent que des préparations simples, faciles à faire, même par les personnes qui n'ont aucune habitude des opérations du confiseur et du liquoriste, et qu'elles sont toujours dirigées vers le double but de conserver le plus possible les qualités des fruits et de faire des liqueurs saines avec économie.

Il est peu de provinces, et même peu de familles, où l'on ne trouve une formule particulière que l'on croit la meilleure pour préparer certaines liqueurs ou conserver certains fruits. Certes, ç'aurait été une rude tâche de les rassembler toutes, même en se bornant à celles qui jouissent de quelque réputation; mais, sans en dédaigner aucune, nous avons fait un choix tel que nous croyons n'en avoir omis aucune de réellement bonne; ou s'il en est que l'on puisse regretter de ne pas trouver dans notre ouvrage, on peut être assuré que nous en avons mis d'analogues qui ne le cèdent en rien pour le goût et la salubrité.

En même temps que nous avons fait un choix des recettes les plus estimées et les plus économiques pour confire les fruits et les conserver, nous n'en avons cité aucune sans en pouvoir garantir les résultats, et nous n'avons épargné ni le soin ni la peine pour expliquer les procédés d'une manière claire, précise, et tellement à la portée de tout le monde, que les personnes les moins habiles pourront opérer d'elles-mêmes et sans autre secours que celui du livre que nous publions.

On ne doit point par conséquent s'attendre à y trouver les liqueurs qui se préparent difficilements, à grand frais, ou au moyen de l'alambic. On n'y trouvera aucun produit de la distillation; mais il ne faudrait pas pour cela penser que nous n'avons indiqué que des liqueurs communes. De ce que, dans le commerce, on a réservé le nom de liqueurs *fines* aux seuls produits de la distillation, il ne faut pas en conclure qu'il n'y a réellement que celles-là de bonnes; nous pouvons assurer que beaucoup des liqueurs que la mère de famille pourra préparer très-aisément en suivant nos conseils, ne le cèderont en rien pour les qualités agréables, et surtout salubres, aux produits extraits péniblement de l'alambic des distillateurs.

Quant à la conservation des fruits par le sucre, nous sommes certains d'avoir indiqué toutes les préparations vraiment utiles et agréables du confiseur. Il n'entrait pas dans notre plan de parler des *sucreries* proprement dites, telles que les fruits glacés, les bonbons et autres semblables, qui ne peuvent être bien préparés que par les confiseurs, mais qui ne le sont que pour l'agrément. Notre ouvrage procurera toutes les ressources que l'on peut désirer pour faire un bon emploi des fruits ; mais nous en avons éécarté tout ce qui ne présentait pas le caractère d'une véritable utilité. C'est ainsi que nous avons voulu en faire un *traité d'économie sur les fruits*.

Toutefois nous avons été entraîné par le sujet à ne point nous borner à l'emploi des seuls fruits ; beaucoup de fleurs et de graines ont trouvé place avec ces derniers dans plusieurs de nos recettes. Nous avons même été conduit, afin de n'omettre rien d'agréable parmi les préparations faciles à faire, à en décrire quelques-unes où il n'entre aucun fruit, telles que certains sirops, pâtes, conserves, etc. Nous avons indiqué la manière de faire de l'hydromel, les vins factices, et nous avons fait précéder la description des liqueurs et des fruits à l'eau-de-vie, de considérations sur cette dernière boisson, où l'on trouvera les meilleurs procédés pour la couper et la disposer le plus avantageusement, soit à l'usage comme eau-de-vie de table, soit aux préparations du liquoriste.

Enfin, pour donner une dernière idée des soins que nous avons mis à la composition de cet ouvrage, nous signalerons encore les règles générales qui précèdent chaque sorte de préparations.

Chacun des sirops, des confitures, des ratafias, etc., est toujours décrit avec assez de soins et de détails pour que la préparation n'en offre pas de difficulté. Si cependant quelques-uns, malgré notre attention scrupuleuse à cet égard, offraient encore de l'embarras, en se reportant à ces règles, on trouverait des explications qui lèveraient tout doute.

Puisse le désir qui nous a dirigé en composant cet ouvrage, de lui donner toute l'utilité dont nous l'avons cru susceptible, ne point avoir trompé nos efforts !

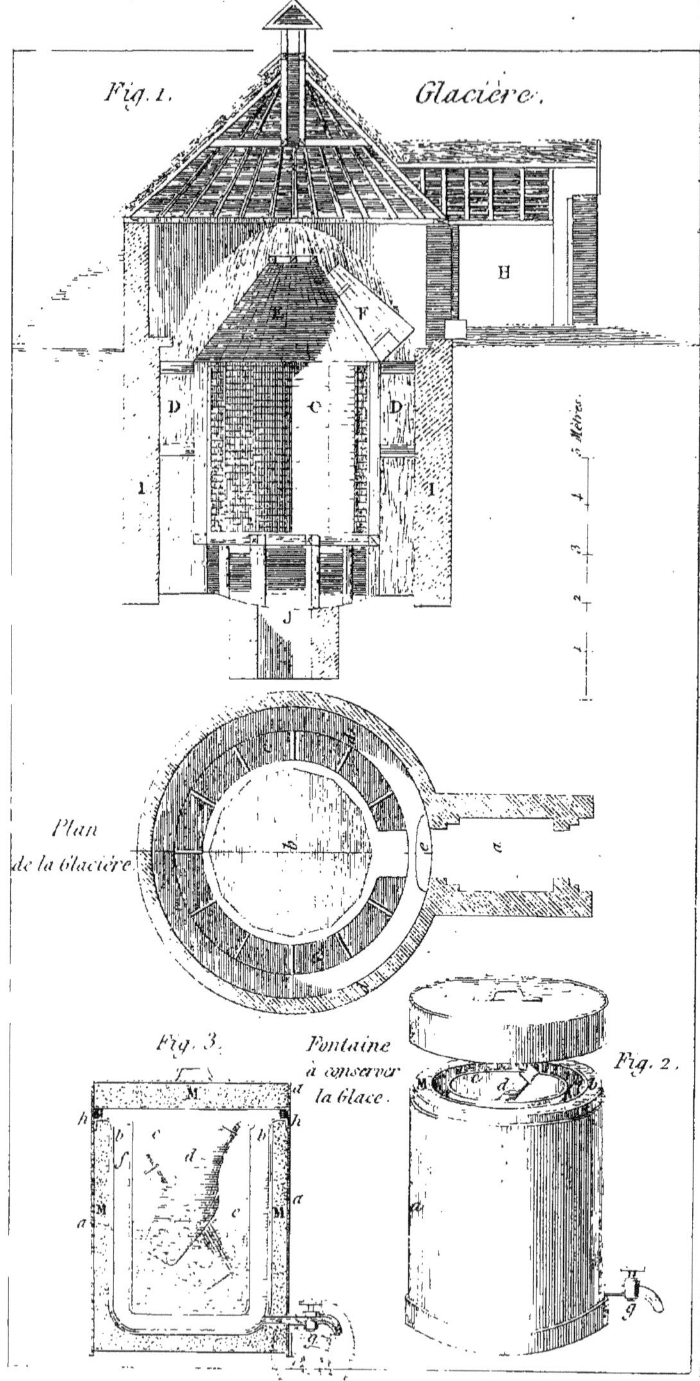

Art d'employer les fruits

L'ART

DE CONSERVER ET D'EMPLOYER

LES FRUITS.

On peut conserver les fruits entiers et dans leur état naturel, ou en les faisant sécher ou cuire, mais sans addition de substances étrangères : ce sont proprement les préparations domestiques.

Le plus souvent c'est par l'union avec le sucre et la cuisson qu'ils sont conservés : telles sont les préparations de l'office et du confiseur.

Enfin on les conserve entiers, ou seulement leurs principes, au moyen de l'eau-de-vie : ce qui est du ressort du liquoriste.

Nous allons examiner les fruits successivement sous ces trois points de vue, qui forment une division naturelle de notre ouvrage en trois parties.

PREMIÈRE PARTIE.

DES PRÉPARATIONS SIMPLES DES FRUITS, OU SANS ADDITION DE MOYENS CONSERVATEURS ÉTRANGERS.

La préparation la plus simple des fruits consiste à les disposer pour être conservés frais et entiers. Il ne s'agit pour les uns que d'en retarder la maturité, pour les autres d'empêcher qu'elle ne dépasse ses limites ; et comme la maturité des fruits est produite naturellement par l'action de l'air, de la chaleur et de la lumière, on parviendra d'autant plus sûrement à les conserver, qu'on réussira mieux à les soustraire à l'influence de ces trois agens.

Toutefois il ne faut pas pousser trop loin l'application de cette règle ; elle offre des exceptions. Par exemple, les fruits que l'on cueille avant la maturité ne doivent point être privés entièrement d'air, de chaleur et de lumière, car ils resteraient verts et durs comme lorsqu'on les détache de l'arbre, ou se pouriraient. Ce sont les fruits que l'on cueille mûrs, comme les raisins, qu'il est plus important de soustraire à l'influence de ces agens ; et encore, il faut en convenir, il est rare que l'on y parvienne entièrement ; mais il est vrai de dire que ceux-là se gardent beaucoup moins long-temps, tandis que les fruits dont la maturité s'achève hors de l'arbre peuvent, lorsqu'ils y sont parvenus, rester très-long-temps stationnaires à cet état sans se détériorer.

Nous ne parlerons point ici de la conservation des fruits que l'on cueille mûrs, parce qu'elle exige des précautions particulières que nous indiquerons pour chacun de ces fruits dans autant d'articles séparés. Nous ne parlerons pas non plus de ceux qui se conservent sans aucun soin que de les préserver du froid et de l'humidité ; telles sont les amandes, les noix et les noisettes. Reste donc à indiquer les soins que réclame la conservation des fruits dont la maturité est imparfaite ; ce sont principalement les poires et les pommes : le lieu où on les place s'appelle *fruiterie*.

La meilleure fruiterie est une pièce dont la température ne change pas, qui n'a de courant d'air que lorsqu'on veut lui en donner, et surtout qui n'est pas humide. Des pièces plus basses que le sol, comme des caves bien sèches, certains celliers voûtés, sont ce qui convient le mieux. Cependant il arrive souvent que l'on choisit une pièce plus élevée, où les fruits se conservent très-bien si elle réunit les conditions de n'être ni froide, ni humide, ni éventée. On doit, dans ce dernier cas, prendre une chambre à l'exposition du midi ou du levant, en garnir les croisées d'un

1.

double vitrage, et la porte d'un tambour, afin qu'en entrant et sortant il y ait toujours une porte fermée. La fruiterie doit être boisée partout, et garnie de tablettes distantes d'un pied au plus, inclinées de trois pouces environ en devant, où on les munit d'une petite tringle en rebord pour empêcher le fruit de tomber. On peut aussi entourer la fruiterie d'armoires ; mais les tiroirs sont préférables, parce que l'on expose moins de fruits à l'air en tirant chacun d'eux qu'en ouvrant une armoire. Avec ces dispositions on peut encore établir au milieu de la pièce plusieurs rangs de tablettes qui n'ont pas besoin d'être inclinées, parce qu'on voit les fruits en tournant autour. Des planches placées sur les échelons d'une échelle double ouverte remplissent très-bien ce but.

Il y a différentes manières de garnir les planches sur lesquelles on pose les fruits. Les uns ne mettent que du papier, d'autres de la paille ; mais le mieux est de se servir de mousse bien sèche et battue, dont on forme une couche épaisse de quelques doigts ; on y pose les poires sur l'œil et les pommes sur la queue, en laissant entre chaque un pouce de distance.

Avant de placer les fruits dans la fruiterie on conseille de les faire *suer*, en les rassemblant en tas pendant quelques jours. On ne les met en place qu'après les avoir essuyés chacun avec un morceau de serge : mais ces précautions ne sont pas indispensables. Il suffit, après que les fruits sont cueillis, de les laisser une journée au soleil avant de les serrer dans la fruiterie : dans tous les cas il faut éviter avec bien du soin de les flétrir.

On peut pendant les premiers temps, après que les fruits sont serrés, laisser la fruiterie ouverte, surtout s'il fait beau et sec; mais lorsqu'elle a été fermée, on ne doit plus l'ouvrir que rarement, et seulement pendant quelques heures au milieu du jour, lorsqu'il ne fait ni froid ni humide. Dans les grands froids il faut garantir les fruits de la gelée, en les couvrant de papier et en mettant dessous de la paille ou de la mousse, en clouant des toiles devant les tablettes, et en garnissant les fenêtres et la porte de paillassons; enfin, si les froids sont très-vifs, on prévient encore plus sûrement la gelée en mettant momentanément dans la fruiterie un réchaud avec des charbons allumés. C'est en cela que les armoires ou les tiroirs sont préférables aux simples tablettes, parce que jamais les fruits ne gèlent dans les premiers. Il faut avoir soin de visiter souvent les fruits pour enlever ceux qui seraient tachés, parce qu'ils gâteraient les autres.

Il faut encore mettre les fruits à l'abri des rats, qui les rongent jusqu'au cœur pour en avoir les pepins : c'est surtout à la cave qu'il est besoin, à cet égard, de plus de précautions. On les garantit assez bien en les plaçant sur des planches suspendues sous la voûte avec des fils de fer, et en les couvrant d'une toile pour retenir la poussière. Souvent on ne se contente pas de poser les fruits comme nous avons dit; mais après les avoir enveloppés de papier, dont on réunit avec une ficelle les deux extrémités tordues, pour les garantir de l'air, on les suspend au plancher d'une pièce peu éclairée, ou sous les tablettes d'une armoire fermée. On enveloppe quelquefois de papier Joseph les beaux fruits pour les placer sur des tablettes ou dans les tiroirs.

Toutes ces précautions sont les plus certaines pour conserver les fruits ; mais on ne les emploie pas toujours : il arrive souvent qu'ils sont posés sur de la paille et des planches jetées sans précaution sur le carreau d'une chambre ou d'un grenier, et s'y gardent bien en les recouvrant seulement de paille ou de regain quand il gèle. Au reste chacun a sa méthode qu'il croit bonne : celui-ci les enfonce dans du son, celui-là dans de la cendre ou du sable sec; et tout moyen peut réussir lorsqu'il les préserve des changemens de température, et surtout du froid, de l'humidité et des courans d'air.

Conservation du raisin et du chasselas.

Ils se conservent de la même manière l'un et l'autre, soit sur la treille en sacs, au fruitier ou en tonneaux.

Conservation en sacs. Pour le mettre en sacs il faut choisir un beau jour du mois d'octobre, époque à laquelle le raisin mûrit ordinairement dans nos climats. La veille du jour où vous voulez commencer votre opération, ayez soin de nettoyer les grappes et d'éclaircir les grains trop serrés. Le lendemain, après que la rosée sera dissipée, mettez chaque grappe ainsi préparée dans un sac de papier un peu fort, ou dans un sac de crin ou de canevas : ces derniers sont préférables, parce que, outre qu'ils laissent un libre passage à l'air et ne concentrent point l'humidité, ils préservent aussi le raisin de la piqûre des oiseaux. Si le raisin est parvenu à son entière maturité, vous serrerez la queue de la grappe avec le fil qui sert à nouer le sac, en la tordant même légèrement; laissez ainsi votre raisin sur le cep pour le cueillir quand vous le jugerez convenable; en le cueillant, ayez soin de le visiter, et, après l'avoir nettoyé, remettez-le dans le sac ou portez-le au fruitier.

Conservation au fruitier. Vous conservez de cette manière le raisin comme les autres fruits.

Si la saison a été favorable, il suffit de le renfermer dans le fruitier, à l'abri de l'air et de l'humidité. Il se conserve très-frais, et pendant longtemps, en le plaçant sur des feuilles de papier collé, des feuilles de fougère bien sèches et mondées de leurs côtes ou de la mousse. Avant de le mettre en place pour le conserver, il faut avoir soin de le faire bien ressuyer au soleil et de le débarrasser de tous les grains gâtés, pouris ou seulement flétris. Ce nettoyage a d'ailleurs l'avantage d'éclaircir les grappes, ce qui facilite la conservation. On doit même séparer avec des ciseaux beaucoup de grains sains dans les endroits où les grappes sont trop serrées.

Tout ceci peut s'appliquer au chasselas ; mais la suspension est préférable pour l'un et pour l'autre, pourvu que l'on n'emploie pas la manière ordinaire qui le laisse couvrir de poussière, et qui lui fait perdre son goût en peu de temps, si même il ne se gâte tout-à-fait. Pour qu'il se conserve bien, il faut le placer dans des sacs de papier, au milieu desquels on le suspend par un fil attaché du côté opposé à la grappe, et en fronçant l'ouverture du sac sur ce même fil, que l'on fixe au plancher, aux solives, ou sous des planches d'armoire dans la fruiterie.

Conservation en tonneaux. Enfermez le raisin dans des tonneaux défoncés, que vous recouvrez de leur fond ; mais de cette manière on a le désavantage de ne pouvoir les visiter souvent, quoique cela soit très-nécessaire, surtout vers la fin de la saison. Pour éviter cet inconvénient, on suspend le raisin, toujours la grappe renversée, dans de petits tonnelets garnis intérieurement de plomb laminé, et on remplit les intervalles avec du millet bien sec.

Conservation des fruits par le bain-marie.

Ce procédé consiste à mettre les fruits dans des bouteilles, à les bien boucher, et ensuite à les faire séjourner dans l'eau en ébullition pendant un temps plus ou moins long. Si ce sont des fruits entiers ou seulement divisés, on choisit des bouteilles à large goulot : quand on veut conserver seulement le suc, on peut prendre des bouteilles ordinaires. L'intérieur des bouteilles doit toujours être propre et bien sec, les fruits frais et bien sains. On ferme les bouteilles avec des bouchons neufs entrés fortement, et même assurés avec deux fils de fer croisés, comme pour le vin de Champagne. On met alors ces bouteilles dans une chaudière avec de l'eau jusqu'au bouchon. On peut placer un peu de paille dessous et autour, pour empêcher qu'elles ne se choquent et ne se cassent par le mouvement de l'eau en bouillant. Après un quart d'heure au plus on peut retirer du feu et laisser refroidir. Pour conserver, il faudra goudronner les bouchons, si l'on craint que les bouteilles ne soient pas assez bien bouchées.

Abricots et pêches conservés au bain-marie.

On choisit ces fruits mûrs, mais fermes; on les coupe en quatre ou six, selon la grosseur, et on les saupoudre bien de sucre, dans lequel on les laisse quelques heures avant de les mettre en bouteilles; on bouche hermétiquement ensuite, et on les met pendant quelques bouillons seulement au bain-marie.

Prunes.

Les mirabelles peuvent être conservées entières; mais les grosses prunes, comme les reines-claudes et autres semblables par le volume, doivent être séparées en deux et les noyaux retirés: du reste on les saupoudre de sucre comme les abricots, et on suit le même procédé pour la cuisson.

Sucs de fruits.

Le suc exprimé des groseilles, des framboises, des cerises, etc., peut être conservé en le faisant bouillir au bain-marie pendant un bon quart d'heure, après l'avoir mis en bouteille comme il a été dit plus haut. Ces sucs, en y ajoutant du sucre quand on veut s'en servir, tiennent lieu de sirops, et n'occasionent pas comme ceux-ci une avance d'argent considérable.

Pulpes de fruits.

Si l'on veut conserver par le même procédé la pulpe des fruits, comme les fraises, les framboises, les abricots, les prunes, etc., il faut la recueillir après l'avoir écrasée sur un tamis, la bien mêler avec deux onces de sucre en poudre par livre, ajouter quelques amandes à celle qui provient des fruits à noyaux, enfin mettre en bouteille et faire bouillir comme pour les fruits.

DESSICCATION DES FRUITS.

Cette manière de conserver lesfruits est une des plus faciles et aussi la plus en usage. Elle n'exige aucun frais dans les campagnes, parce qu'on y emploie ordinairement le four qui vient de servir à faire le pain. Pourvu que les fruits ne soient pas trop épais, qu'ils ne soient pas entassés afin que la chaleur les frappe également, et que l'on ait soin de les retirer du four pour les exposer à l'air et les remettre ensuite à la chaleur, on en obtient toujours une dessiccation assez complète pour qu'ils se conservent long-temps. Presque tous les fruits peuvent être séchés : nous allons indiquer ceux qui le sont le plus fréquemment et les procédés particuliers à chacun d'eux.

Pommes tapées.

Toutes les espèces de pommes à couteau peuvent être préparées ainsi ; cependant on a remarqué que celles dites de Fenouillet font les meilleures pommes tapées. Après les avoir pelées et en avoir enlevé le cœur avec une spatule creuse pour les conserver entières, on les place sur des claies dans un four de la manière que nous allons dire pour les poires tapées ; seulement il faut remarquer que l'on peut les sécher et les aplatir sans les tremper dans un sirop comme les poires.

Poires tapées.

Les espèces que l'on emploie le plus ordinairement sont le *rousselet*, le *beurré*, le *beurré d'Angleterre*, le *doyenné*, le *messire-jean* et le *martin-sec*. Prenez-les de la meilleure qualité ; pelez-les et conservez-en la pelure ; faites ensuite blanchir vos poires dans l'eau bouillante ; et même, si vous pensez qu'elles soient assez dures pour ne pas s'amollir, donnez-leur un léger bouillon. Vous aurez soin de conserver l'eau dans laquelle elles auront blanchi ; mettez ensuite vos poires sur des claies assez distantes les unes des autres pour qu'elles ne se touchent pas. Mettez ensuite ces claies au four après que le pain en aura été retiré, ou chauffé au degré qu'il conserve alors ; remettez ainsi les poires au four pendant trois jours consécutifs ; le quatrième jour aplatissez-les légèrement avec la paume de la main plutôt qu'avec une batte de bois. C'est alors qu'il faut préparer le sirop suivant : Jetez dans l'eau où vous avez fait blanchir vos poires, les pelures que vous avez conservées, et que vous aurez dû piler dans un mortier, afin d'en faire une sorte de pâte. Faites bouillir, passez au tamis et pressez le marc; faites réduire à consistance de sirop, et plongez vos poires dans ce sirop chaud avant que de les remettre pour la quatrième fois au four, où vous les laissez jusqu'à ce qu'elles soient assez sèches pour se conserver; puis vous les mettez en boîtes dans un endroit sec.

Voici une autre manière de préparer les poires tapées, que quelques personnes préfèrent à la précédente :

Prenez cent poires de rousselet presque mûres, pelez-les sans les déformer, rognez le bout de la queue, jetez-les à mesure dans une bassine pleine d'eau froide; placez-la sur le feu, faites bouillir à petits bouillons. Tâtez-les ; à mesure qu'il y en a qui fléchissent sous le doigt, retirez-les avec l'écumoire pour les jeter dans l'eau fraîche; égouttez-les ensuite sur une serviette. Faites fondre dans la bassine deux livres de sucre avec trois demi-setiers d'eau; faites-le bouillir, écumez-le. Garnissez tout le fond de la bassine avec des poires, faites-leur faire un seul bouillon, retirez-les pour les placer dans une terrine. Mettez ainsi d'autres poires dans le sucre jusqu'à ce qu'elles y aient toutes passé. Laissez-les refroidir, et arrangez-les sur des claies la queue en l'air, en les aplatissant tant soit peu sans les écraser. Mettez-les dans le four à la sortie du pain; avant de les y mettre, trempez-les dans le sirop froid. Replacez-les sur les claies, et récidivez jusqu'à quatre fois. Arrangez-les ensuite dans des boîtes, deux rangs l'un sur l'autre, puis une feuille de papier et deux rangs de poires, etc. Conservez en lieu sec. Le reste du sirop peut servir pour les fruits à l'eau-de-vie et les compotes.

Cerises séchées.

Dans les pays chauds on fait dessécher les cerises en les exposant seulement au soleil sur des claies à claire-voie, et quelquefois même on les laisse se dessécher sur l'arbre sans éprouver d'altération. Mais comme la première manière ne peut être d'un usage général, et que la seconde est sujette à de grands inconvéniens, nous allons indiquer un procédé que l'on peut pratiquer partout avec avantage.

Faites refroidir votre four après en avoir retiré le pain. Quand il n'est plus qu'à quarante degrés de chaleur, mettez un seul lit de cerises sur des claies que vous introduisez dans le four. Quand elles sont à moitié cuites, retirez-les et exposez-les à l'air. Pour ne pas perdre la chaleur de votre four, substituez d'autres claies si vous avez encore des cerises à dessécher. Au bout de huit à dix heures, remettez au four celles que vous avez retirées, afin d'en achever la dessiccation. Cependant il peut être avantageux de les mettre trois fois au four. On les conserve dans des boîtes de bois comme les précédentes.

Dessiccation des pêches et des abricots.

On ceuille ces fruits bien mûrs, on les sépare en deux pour ôter le noyau, et on les met au four de la même manière que les cerises; seulement pour les pêches, quand elles sont à moitié sèches, on les aplatit avant de les remettre au four pour la seconde ou la troisième fois, afin que la dessiccation en soit plus égale et plus facile.

Dessiccation des prunes.

Pour faire les pruneaux, la dessiccation des prunes ne doit pas être complète, ce qui arrive souvent cependant par le défaut d'expérience de ceux qui les préparent. Il ne faut au contraire enlever aux prunes que l'eau de végétation surabondante qui les empêcherait de se conserver, mais point assez pour qu'elles perdent toute mollesse et que leur chair soit détruite. Il faut toujours choisir des prunes bien mûres; on pourrait même donner la préférence à celles qui tombent de l'arbre en le secouant. La manière de sécher les prunes pour les convertir en pruneaux ressemble beaucoup à celle que nous avons indiquée pour les cerises; mais elle n'est pas exactement la même dans tous les pays. Nous allons faire connaître le procédé conseillé par madame Adanson, comme le meilleur que nous connaissions.

Pruneaux de Sainte-Catherine.

Prenez de belles prunes de Sainte-Catherine, mûres et point véreuses, arrangez-les une à une sur des claies, et mettez-les au four à la sortie du pain; laissez-les jusqu'à ce qu'on le chauffe de nouveau, et, avant de les y remettre, retournez-les une à une; récidivez trois ou quatre fois suivant que vous voyez qu'elles sont plus ou moins séchées. L'habitude seule vous apprendra le degré convenable. Lorsque vous les jugez suffisamment faites, étalez-les pendant quelques jours dans un lieu sec et aéré, ensuite arrangez-les couche par couche, dans des boîtes garnies de papier blanc: mettez aussi quelques feuilles de laurier parmi. Si vous ne faites pas de pain chez vous et que vous chauffiez le four exprès pour vos pruneaux, ne le faites que tous les trois jours et que la chaleur soit très-douce.

Dessiccation des raisins.

Elle s'opère comme celle des autres fruits, au soleil ou au four, mais plus souvent de cette dernière façon. On met les grappes sur des claies, et l'on a soin de les retourner fréquemment pendant qu'elles sont au four. Si l'on veut que la dessiccation en soit plus prompte, il faut faire blanchir le raisin avant de le mettre au four, c'est-à-dire le tremper dans l'eau bouillante. Pour le conserver quand il est sec, on le met dans des boîtes de sapin bien fermées, en le saupoudrant légèrement de sucre et en le couvrant de quelques feuilles de laurier.

GELÉES, MARMELADES, ET AUTRES PRÉPARATIONS DES FRUITS SANS SUCRE.

La cuisson des fruits sans sucre est un procédé très-économique, et, à cause de cela, très-commode dans les lieux où les fruits ne peuvent être facilement vendus. Elle n'occasione d'autres frais que ceux du combustible consommé pour les cuire, et il en résulte presque toujours des préparations d'un goût excellent et susceptibles de se conserver aussi long-temps que les meilleures confitures. La marmelade connue sous le nom raisiné est, de toutes ces préparations, la plus commune et la plus répandue, bien que plusieurs autres lui soient préférables. Nous allons en indiquer quelques-unes seulement ; mais il est peu de fruits avec lesquels on ne puisse en préparer de semblables en suivant les mêmes procédés.

Gelée de pommes sans sucre.

La pomme destinée à faire cette gelée doit être entièrement mûre. Il faut par conséquent la préparer en mars ou avril. On rejette les pommes qui auraient souffert pendant l'hiver. Broyez-les au moulin ; exprimez-en le jus au pressoir. Le suc passe trouble, bientôt il coule plus clair : c'est ce dernier que vous réservez, ainsi que le suc de la dernière expression qui provient d'un peu d'eau jetée sur le marc. Mettez ce moût dans une large bassine sous un feu assez fort ; faites-le évaporer jusqu'à réduction de moitié pour en faire du sirop, ou des trois quarts pour faire votre gelée, et jetez dedans des zestes de citron, seulement pour l'aromatiser. Cette gelée a toute la consistance de celle faite avec du sucre, mais un peu moins de blancheur et de limpidité.

De la pommée.

C'est à la fin de novembre que l'on fait ordinairement la pommée. On y emploie toutes sortes de pommes, même les moins belles et celles qui ont été piquées par les vers. Après qu'elles ont été pelées, coupées par quartiers et les pepins retirés, on les met dans un chaudron avec un ou deux verres d'eau. Couvrez ensuite, et faites d'abord un feu doux pour amollir les pommes : quand elles commencent à fondre, versez-les dans des terrines, et mettez refroidir dans un endroit frais : le lendemain remettez au feu et retirez comme vous avez fait la veille.

Remettez votre fruit au feu pour la troisième fois, et faites-le cuire à consistance de marmelade : vous examinerez si, étant refroidie, la pomme relâche encore son eau; alors vous la remettriez sur le feu, après quoi vous la versez dans des pots que vous mettez deux ou trois fois au four au moment où le pain en a été retiré : cette opération a pour but de recuire la pommée et de lui donner une croûte légère, principe de sa conservation.

On a ainsi une marmelade excellente, et très-économique, puisqu'elle ne contient pas de sucre.

Prunée ou marmelade de prunes cuites au four.

Prenez de belles prunes bien mûres, ôtez-en les noyaux et faites-les cuire sur des claies au four, comme nous avons dit pour les cerises, page 14, mais en les y remettant trois ou quatre fois, et même plus, parce qu'elles gagnent de la matière sucrée à chaque cuisson et que la prunée en est meilleure. Faites cuire ensuite les prunes comme les autres marmelades, en ajoutant les amandes du quart des noyaux environ, et au moment de retirer la bassine du feu, ajoutez un aromate quelconque. Votre marmelade faite, mettez-la dans des pots ; quelques jours après vous la trouver reelâchée ; alors vous remettrez vos pots au four au moment où le pain en aura été retiré, ou chauffé au degré qu'il doit avoir à cet instant : votre marmelade se recuit ; la chaleur recombinant l'eau occasione à la surface une espèce de croûte légère qui la fait conserver ; cependant on la recouvre comme les confitures.

Confiture de campagne.

Prenez du vin nouveau appelé moût, le plus doux possible, de raisin blanc ou noir indifféremment ; mettez-le dans une chaudière ; faites-le bouillir sur un feu toujours clair, et réduire aux deux tiers pour qu'il ait une bonne consistance et puisse confire le fruit pour être de garde.

Vous prendrez les fruits que vous voulez confire, soit poires, pommes ou coings ; faites-les cuire dans l'eau jusqu'à ce qu'ils soient amollis vous les pèlerez ensuite et les mettrez dans votre sirop de vin doux, et laisserez bouillir le tout en écumant avec soin, jusqu'à ce que la cuisson soit achevée, ce que vous reconnaîtrez quand en mettant du sirop dans une assiette il ne coule point On peut alors retirer du feu et mettre en pots.

Du raisiné, et de ses préparations d'après les principes et les procédés de M. Parmentier.

Le nom de raisiné convient parfaitement à une espèce de marmelade assez agréable, qu'on prépare dans tous les cantons vignobles avec le sucre, la pulpe et la peau des raisins non fermentés, les plus mûrs, les plus sucrés et les plus parfumés ; on y ajoute souvent différens fruits, des racines potagères et des aromates, mais jamais, ou du moins au midi de l'Europe, du miel ou du sucre. Ces deux condimens qui, comme on sait, constituent les autres confitures, sont remplacés dans ces contrées par le muscoso-sucré des raisins eux-mêmes, qui, dans les pays chauds et dans les années sèches, sont abondamment pourvus de ce principe.

On présume bien que la préparation du raisiné doit être aussi ancienne que l'art de faire le vin ; on la trouve décrite dans nos premières pharmacopées sous différens noms. C'était la confiture de nos bons aïeux ; elle est encore du goût de toutes les classes de la société, et tellement nécessaire, que dans les lieux les plus éloignés des cantons vignobles, les habitans en font avec les fruits à pepins et à noyaux, en y employant pour véhicule, au lieu du moût de raisin, le suc de pommes et de poires récemment exprimé, c'est-à-dire le poiré et le cidre doux.

La consistance du raisiné varie depuis celle d'une marmelade jusqu'à celle d'un sirop. Dans ce dernier état il est facile de le délayer dans l'eau pour en faire des boissons édulcorées. Les habitans de l'Archipel paraissent même continuer de préparer cette eepèce de raisiné liquide; car M. Boudet, pharmacien en chef de l'armée d'Orient, a trouvé dans les magasins d'Alexandrie des bouteilles de terre d'une forme agréable qui en étaient remplies : elle avait la consistance de la mélasse. On en compose aujourd'hui en Égypte nne espèce de sorbet.

Sans vouloir rappeler ici tous les avantages qu'on peut obtenir du raisiné, nous nous bornerons aux principaux. On sait d'abord que les élémens dont il est composé sont élaborés, combinés, mélangés de manière à présenter les caractères d'une confiture agréable, et à mettre pendant un certain temps à l'abri de la fermentation l'extrait, la gelée et la pulpe des fruits.

Dans les années où les fruits à noyaux manquent, lorsque les ménagères les plus diligentes ne peuvent s'occuper de faire leurs provisions en gelées, en marmelades, et que la saison a éte favorable au raisin, ce dernier offre le moyen de remplacer ces confitures, et ce remplacement produit en même temps une grande économie sur le sucre qui n'entre point dans le raisiné, à moins que ce ne soit dans les années humides, à l'ouest et au nord de la France, où la vigne n'ayant pas nouri ses fruits, les raisins sont restés verts: car nous sommes loin de croire que ce condiment puisse, en aucun cas, préjudicier à la qualité du raisiné. Je sais qu'il est au pouvoir de l'art de corriger la mauvaise qualité des vins et de les améliorer considérablement par l'emploi du sucre et du miel ajoutés avant la fermentation, et qu'à l'aide de ce moyen on peut affaiblir leur trop forte acidité; mais très-heureusement le raisin des années favorables à la vigne n'a besoin nulle part de ce secours.

Choix des fruits pour le raisiné.

Si les différentes espèces de raisins ne conviennent pas à la cuve, toutes sont également bonnes pour la confection du raisiné; plusieurs d'entre elles sont si abondamment pourvues du principe mucoso-sucré, qu'il faut nécessairement leur ajouter des fruits pulpeux, âpres, acerbes, mûrs ou non mûrs, et des aromates pour en enlever la trop grande fadeur; tandis que d'autres exigent, suivant le climat et la saison, l'addition d'un peu de miel, de mélasse ou de cassonade, pour masquer leur excès d'acidité.

L'altération que le raisiné éprouve à mesure qu'il vieillit, c'est de se candir, ou de se liquéfier : dans le premier cas, on le décuit au temps de la vendange avec de nouveau moût ; dans le second, au contraire, on l'expose un peu au feu. C'est ainsi qu'on peut rajeunir sa provision, et la mettre encore en état de passer l'hiver.

On remarque que dans les contrées méridionales, où l'on fait ordinairement plus de raisiné qu'ailleurs, les raisins reconnus comme les plus propres à cette préparation sont : le muscat blanc, le muscat rouge et le chasselas. Ils y parviennent à une maturité si parfaite, et contiennent une si grande quantité de principe sucré, que les vins qu'on obtient de la décomposition de ce principe fournissent à la distillation jusqu'à un tiers de leur poids d'une eau-de-vie riche en alcohol. A Montpellier, c'est le raisin blanc ou noir. Dans les départemens plus septentrionaux, c'est le franc-pineau ou le morillon noir qui est la variété la plus estimée pour ce genre de confiture.

Mais pour cueillir le raisin destiné à faire le raisiné, il faut attendre sa parfaite maturité, ne le récolter, autant que possible, que par un temps sec et par un soleil ardent ; avoir soin surtout de l'égrapper et de le monder exactement, vu que quelques grains gâtés et un brin de râfle suffiraient pour préjudicier à la saveur gracieuse du raisiné.

Lorsqu'on jouit encore après la vendange de quelques rayons de soleil, et qu'il n'y a rien à redouter de la part des oiseaux et des insectes, il serait utile d'en profiter pour laisser plus longtemps le raisin sur le cep; dans le cas contraire, il faut le rentrer à la maison et l'exposer sur la paille. On parviendrait par ce moyen à diminuer les frais de l'évaporation, à tenir moins longtemps exposé à l'action du calorique le raisiné, qui alors donne un résultat plus abondant, moins coloré et d'une saveur plus agréable. Ce conseil, à la vérité, que je donne aux ménagères qui ne dédaignent point de préparer elles-mêmes le raisiné de leur consommation, ne pourra jamais devenir la règle de ceux qui en font une branche de commerce, qui visent particulièrement à la quantité et au bon marché. Mais chaque chef de famille, dans quelque position qu'il se trouve, peut, à l'aide de quelques ceps, obtenir sa confiture annuelle à tel degré de bonté qu'il voudra.

Le raisiné ne consiste pas toujours dans le suc de raisin plus ou moins rapproché par l'évaporation; on y fait souvent entrer des fruits à pepins, des fruits à noyaux, selon les ressources locales. Dans le nombre des meilleurs sont les poires et les coings, puis les pommes, enfin les prunes; mais il faut que ces fruits soient âpres et austères pour en relever la saveur trop douceâtre.

D'après ces observations rapides, le *bouvard*, le *martins-sec*, la *lampe*, le *messire-jean*, s'allient très-bien avec les élémens du raisiné. Comme ces espèces n'existent pas toujours en quantité suffisante, on emploie séparément la poire de vigne de la Normandie, le *catillac* et le *grossin* : ces derniers ont beaucoup plus d'âcreté. Enfin la préparation du raisiné fournit l'occasion de tirer parti des fruits tombés avant la maturité : il suffit alors de les cuire d'avance, de les mettre en marmelade, et de les conserver en cet état jusqu'à la vendange.

Les fruits extrêmement sucrés, succulens, d'une pulpe mollasse, parvenus à leur point de maturité, sont peu propres à la confection du raisiné; ils perdent pendant la cuisson les avantages qu'ils avaient étant crus, et paraissent, après l'avoir subie, plutôt décomposés que perfectionnés.

Les poires, les pommes et les prunes ne forment pas toujours la base du raisiné; on y fait entrer le potiron, des côtes de melon qui n'ont pu mûrir; les racines sucrées, telles que la carotte. Mais ce n'est pas seulement la qualité des fruits, leur proportion et l'état de maturité où ils se trouvent qui concourent à la perfection du raisiné : le procédé dont on se sert pour opérer leur combinaison et leur cuisson, n'a pas moins d'influence sur sa qualité et le prix auquel il revient;

il est donc nécessaire que cette préparation, toute simple qu'elle paraisse, soit méthodiquement gouvernée.

Manière de préparer le raisiné.

Prenez la quantité de raisins que vous jugerez à propos, égrenez-les, et mettez-les dans un chaudron placé sur un feu modéré ; s'il ne rend pas assez de jus, écrasez d'abord un peu les grains entiers ; augmentez insensiblement le feu, ayant soin de remuer continuellement pour favoriser l'évaporation de l'humidité. Quand la pellicule du raisin est ramollie et assez cuite pour pouvoir se détacher, retirez du feu la liqueur épaisse réduite à moitié ; mettez-la par portion sur un tamis de crin assez serré, et passez-la au travers, en pressant un peu avec la main.

Remettez votre marmelade dans une bassine propre, sur un feu doux ; procédez de nouveau à son évaporation en remuant sans cesse, surtout quand le terme de sa cuisson approche, parce qu'alors elle se carmélise et brûle facilement. Il faut un grand usage pour atteindre le degré de cuisson convenable : il est d'autant plus nécessaire de le saisir, qu'en deçà, le raisiné ne peut se conserver, et qu'au delà, non-seulement il éprouve un grand déchet, mais il est encore moins agréable. On est assuré qu'il est à son véritable point lorsque sa couleur, de vineuse qu'elle était, est devenue d'un brun médiocrement foncé, lorsqu'en laissant tomber sur une assiette de faïence une petite masse, elle ne s'affaisse pas trop, et qu'il ne se forme pas autour une espèce d'auréole humide. Par ce procédé, on obtient de cent livres de raisin vingt-quatre à trente livres de raisiné fort bon.

Autres manières.

Prenez des poires de rousselet, de martin-sec, de messire-jean, de franc-réal, de bon chrétien d'hiver, des coings, etc., suivant les ressources locales; mais tous ces fruits doivent être employés avant leur entière maturité; il faut aussi les peler, les monder de leurs pepins et de leurs cœurs, et éviter surtout de se servir de poires qui sont, comme on dit, pierreuses, et qu'on n'aime point à rencontrer sous la dent. Coupez ces fruits par tranches, et ajoutez-les en quantité proportionnée au sirop que vous avez obtenu par la première opération du procédé ci-dessus; mettez le tout sur un feu doux, et à l'aide d'une spatule de bois opérez le mélange le plus uniformément possible: la cuisson se reconnaît aux mêmes signes que ceux indiqués précédemment.

On peut, si l'on veut, faire cuire les fruits séparément sous les cendres ou au four, et les ajouter lorsqu'ils sont réduits en marmelade : de cette manière l'incorporation se fera bien mieux et plus aisément.

On peut encore faire une autre sorte de raisiné. Il se prépare avec des raisins blancs muscats et d'autres raisins de treille, les plus délicats : on y procède de la même manière que pour le raisiné ordinaire, en ajoutant du moût des mêmes raisins, et en faisant cuire le tout avec précaution au bain-marie. Ce raisiné est le meilleur de tous; il est aussi moins coloré et moins brun que celui qu'on fait avec les raisins noirs; mais on le trouve rarement dans le commerce; il se consomme dans les maisons où il a été préparé.

Quelques personnes font encore un raisiné aigrelet, assez agréable au goût, avec du verjus : en l'égrappant et le mettant cuire dans de bon moût, on en obtient une espèce de confiture commune, et à peu de frais.

Le raisiné le plus parfait, mais le plus coûteux, serait celui qu'on préparerait avec un raisin de choix, soigneusement égrappé, mondé, foulé avec les mains, et qu'on mettrait dans un sac de toile à la presse; on en exposerait une portion au feu; et à mesure que la liqueur entrerait en ébullition, on y verserait de temps en temps de l'autre portion; on pousserait l'évaporation jusqu'à la réduction des trois quarts, et on y ajouterait ensuite les poires et les pommes. Ce raisiné, ainsi dépouillé de la matière extractive de la peau et des pepins, aurait l'avantage de se conserver plus long-temps que les autres, qui, quoique parvenus au même degré de cuisson, sont plus sujets à se détériorer.

L'habitude de préparer du raisiné a rendu familière la connaissance du degré de cuisson auquel il faut le porter pour le conserver d'une année à l'autre, et même deux années, suivant la contrée et la nature du raisin employé. Le raisiné, une fois arrivé à ce point, doit être versé dans des pots de faïence ou de grès, secs et propres; et lorsqu'ils sont entièrement refroidis, on les recouvre, après avoir appliqué à leur surface un papier imbibé d'alcohol, et on les place dans un lieu sec et frais, à l'abri du soleil et de la lumière.

Approvisionnement des fruits pour le raisiné.

Les poires, attendu le grand nombre des espèces, ne parviennent pas toutes à leur maturité dans le même temps; et, comme on ne les récolte pas en assez grande quantité à la fois pour entreprendre de les sécher, il y a beaucoup de fruit gaspillé.

Mais comme le raisiné consomme une quantité assez considérable de poires, il est cependant nécessaire de pouvoir en conserver jusqu'au moment où l'on prépare cette espèce de confiture. Pour cela il y a un moyen bien simple : faites cuire des poires au fur et à mesure de leur récolte ; c'est-à-dire, réduisez-les en marmelade : à l'époque de la vendange, on sera heureux de trouver cet approvisionnement, qui économisera les poires de garde qu'on aurait été obligé d'employer.

Manière de faire le sirop de raisin, d'après les procédés de M. Parmentier.

Il faut choisir le raisin blanc, qui est le plus sucré, bien mûr, et même à demi fané sur pied ou sur la paille ; on en exprime légèrement le suc ou le moût. On peut *muter* ce moût avec une mèche soufrée pour détruire le principe fermentescible ; ensuite on le place sur le feu dans un chaudron ou autre vase, selon la quantité que l'on en a, et l'on fait évaporer en agitant avec une écumoire. Quand ce suc est réduit du quart, on le retire du feu après l'avoir écumé, et on y ajoute, en continuant de remuer la liqueur, du blanc d'Espagne ou de la craie réduite en poudre, jusqu'à ce qu'il ne s'y produise plus d'effervescence. Ces substances se combinent avec les acides du raisin. Alors on place le chaudron sur le feu après avoir laissé déposer un instant, et on y met deux blancs d'œufs battus. On filtre la liqueur à travers une étamine ou une étoffe de laine fixée sur un châssis de bois ; ensuite on fait bouillir de nouveau.

La qualité du sirop dépend de la manière dont on opère l'évaporation. Moins il reste sur le feu, et plus il est sucré. Cependant il ne faut pas le concentrer trop lentement, si l'on ne veut pas qu'il prenne un goût de manne. De même, en l'évaporant trop vite, il sentirait le caramel et en prendrait la couleur.

Pour connaître si le sirop est cuit, on en laisse tomber avec une cuillère sur une assiette ; si la goutte tombe sans jaillir et sans s'étendre, ou si, en la séparant en deux, les parties ne se rapprochent que lentement, alors on juge qu'il a la consistance requise.

On le verse dans un vaisseau de terre non vernissé, et, après qu'il est parfaitement refroidi, on le distribue dans des bouteilles de médiocre capacité, propres, sèches, bien bouchées, qu'on porte à la cave. Il faut qu'une bouteille, une fois entamée, ne reste pas long-temps en vidange, et avoir l'attention de tenir le goulot renversé chaque fois qu'on s'en est servi.

Il n'est guère possible de déterminer d'une manière précise la quantité de craie ou de blanc qu'il est nécessaire d'employer. Il en faut moins au Midi qu'au Nord; mais, dans tous les cas, l'excédant ne saurait nuire, vu qu'il reste confondu sur le filtre avec les autres sels insolubles et les écumes.

Si, dans la vue de conserver plus long-temps ce sirop, on portait la cuisson trop loin, on se tromperait; car il ne tarderait pas à se cristalliser au fond des bouteilles, et à se décuire. Dans le cas contraire, si on ne l'évaporait pas suffisamment, il fermenterait bientôt. Une bonne ménagère n'aura pas fait deux fois de ces sirops, qu'elle saura saisir le degré de cuisson nécessaire mieux qu'on ne pourrait lui indiquer le point où il convient qu'elle s'arrête.

Le sirop de raisin peut suppléer le sucre dans quelques sirops d'agrément; ceux de capillaire, de fruits rouges, de vinaigre et de framboises, dans les compotes de fruits, surtout en les aromatisant, la charlote de pommes, etc., etc.

Il réussit aussi, sans exception, dans les vins cuits et les ratafias composés, comme le sont tous les ratafias de fruits, ou aromatisés fortement, comme ceux des sept graines, d'anis, de curaçao, etc.; mais il ne pourrait être employé pour les liqueurs fines.

SECONDE PARTIE.

DES PRÉPARATIONS DES FRUITS PAR LE SUCRE.

Les préparations des fruits les plus nombreuses, les plus communes, et aussi les meilleures, sont celles qui se font au moyen du sucre, avec ou sans l'aide de la chaleur. Nous ne ferons connaître que les principales, et surtout les plus simples; mais nous n'en omettrons aucune d'importante ou de bonne, à moins que la difficulté de la faire nous ait fait penser qu'elle ne pouvait bien réussir que dans les mains d'un confiseur de profession. Après avoir indiqué ce qui est relatif à la clarification et à la cuisson du sucre, base de toutes les préparations dont se compose cette seconde partie, nous traiterons successivement, dans autant de chapitres particuliers, des sirops, des confitures, des gelées, des marmelades, des compotes, des conserves, des pâtes, et nous terminerons par les glaces et les sorbets.

Du sucre, de sa clarification et de sa cuisson.

On ne doit employer dans l'office que du beau sucre, mais il faut en outre le choisir dur, sonnant et léger, parce qu'il sucre plus lorsqu'il a ces qualités.

Il y a toujours du désavantage à se servir de cassonade, quelque belle qu'elle soit, à cause de la difficulté de la clarifier et du déchet qu'on y éprouve.

La clarification du sucre se fait au moyen d'une eau blanche préparée avec un demi-blanc d'œuf environ, battu dans un demi-setier d'eau, pour chaque livre de sucre. On met les blancs d'œufs avec leurs coquilles brisées dans une poêle à confiture; on y ajoute l'eau successivement en fouettant avec un petit balai d'osier ou de bouleau. La totalité de votre eau étant bien incorporée avec les blancs d'œufs, et le mélange étant bien en mousse, mettez-y le sucre cassé par morceaux; posez votre poêle sur le feu et remuez le sucre de temps en temps, de crainte qu'il ne s'attache à la poêle : vous aurez le soin, quand il viendra à bouillir, d'enlever l'écume. Après quelques bouillons le sucre s'élèvera : pour empêcher qu'il ne se répande au dehors, abattez-le en y versant un peu d'eau froide, ce qui vous donnera le temps de l'écumer. Il ne faut jamais enlever l'écume quand le sucre bouillonne, mais attendre qu'il monte, l'abattre alors, et saisir ce moment pour l'écumer. Étant bien nettoyé et bien clair, il ne monte plus, et ne fait qu'une petite écume légère et blanchâtre; retirez alors la poêle du feu et passez-le à la chausse, ou prenez une serviette que vous mouillez légèrement, étendez-la sur une terrine bien propre et passez votre sucre, qui se trouvera parfaitement clarifié.

Cuisson du sucre. Lorsque le sucre est clarifié, on le fait cuire à un degré convenable à sa destination. En bouillant, l'eau qu'il retient s'évapore; et, suivant la consistance qu'il a acquise, on le désigne par une épithète particulière. On a admis dans l'office un nombre si grand de ces degrés de cuisson, que la différence n'en peut être que difficilement saisie. Nous allons cependant chercher à les faire reconnaître le plus succinctement possible.

Si l'on ne veut pas perdre ses écumes, on a le soin de les mettre à fur et mesure dans un vase, et ensuite on les remet sur le feu. Chaque fois qu'elles montent, on y verse un peu d'eau blanche pour abattre l'écume; on les retire du feu après la troisième fois, et on les laisse reposer un moment. Jetez dedans un peu d'eau claire et fraîche, et enlevez l'écume noire qui s'en détache; passez ensuite le sirop à la manche; remettez-le ensuite sur le feu jusqu'à ce qu'il soit à la *nappe,* et il vous servira pour composer des sirops.

Le sucre clarifié, et remis sur le feu, est cuit *à la nappe,* lorsqu'en y trempant l'écumoire et la retirant de suite, il s'étend en nappe à sa surface.

Après ce premier degré de cuisson le sucre est au *petit lissé* aussitôt qu'un doigt étant trempé dedans et appliqué contre le pouce, il se forme, en les séparant, un filet presque imperceptible qui se rompt et reste en goutte sur le doigt. Il est au *grand lissé*, lorsqu'ayant fait un bouillon de plus il s'étend davantage entre les doigts, et ne se rompt pas si facilement. Quand ce filet peut se maintenir sans se rompre, on a le *petit perlé*.

Pour ne pas se brûler, on peut faire ces épreuves et les suivantes avec une goutte de sucre qu'on laisse tomber de l'écumoire sur le doigt.

Après ce degré de cuisson, le bouillon qui s'élève forme des perles rondes et élevées : c'est le *grand perlé*. Alors le filet formé entre deux doigts peut s'étendre, quelque écartés qu'ils soient.

Un peu plus tard le sucre est dit en *queue de cochon*, si, en retombant, il file en se tortillant.

Le sucre est au *soufflé* si, après avoir retiré l'écumoire de la poêle et l'avoir secouée, on fait, en soufflant dans les trous, sortir le sucre qui y reste sous forme de petites bouteilles ou étincelles.

Quelques bouillons de plus et l'écumoire secouée fortement en l'air, le sucre s'en sépare comme une plume légère : il est alors *à la plume*. *A la grande plume* il tombe sous forme de filasse volante.

On reconnaît le degré du *petit boulet* à ce que le doigt trempé dans l'eau fraîche, puis dans le sucre, et refroidi aussitôt dans la même eau, on peut ensuite rassembler en une boulette molle ce qui a tenu au doigt. Quand il y a un peu plus de cuisson la boulette devient ferme en refroidissant : on a alors le *grand boulet*.

Il n'y a plus qu'un degré après le boulet, c'est *le cassé* où la boulette se casse avec bruit sous la dent. Si elle s'y attache, il est au *petit cassé ;* si elle ne s'y attache pas, il est au *grand cassé*, qui se confond avec la cuisson au *caramel*.

On appelle ainsi le sucre au grand cassé, auquel on fait faire encore quelques bouillons, jusqu'à ce qu'il donne une légère odeur et une couleur roussâtre. A ce degré on doit le retirer promptement du feu pour qu'il ne brûle pas.

Il faut remarquer que le sucre, dans la cuisson du cassé et du caramel, monte dans la poêle, retombe et laisse sa trace sur les bords. Pour éviter que la chaleur ne fasse brûler ce qui adhère, et par-là ne gâte la masse, il faudra, avec une éponge et de l'eau froide, laver les côtés intérieurs de la poêle chaque fois que le sucre sera retombé.

Une remarque plus générale, puisqu'elle s'applique à toutes les cuissons du sucre, consiste à ne jamais y laisser l'écumoire après la clarification, ni après que l'écume sera prise. Il faut aussi avoir soin de ne point le remuer, parce qu'il diminuerait sensiblement.

SUCRE D'ORGE.

La plus grande partie du sucre d'orge que l'on trouve dans le commerce se fait sans orge; mais le meilleur doit se préparer de la manière suivante: Faites fondre du sucre dans une décoction d'orge autant qu'elle en peut dissoudre, clarifiez avec les blancs d'œufs comme il a été dit plus haut; faites cuire ce sucre à la grande plume, ou même au cassé; versez sur une table de marbre huilée, et quand il est froid coupez avec des ciseaux par lanières, que vous roulez. On peut ajouter une ou deux onces de gomme arabique par livre, et on la met fondre dans la décoction avec le sucre avant de clarifier; et, pour donner de la couleur, on ajoute un peu de décoction de quelques grains de safran du Gatinais.

CLARIFICATION DU MIEL.

Si l'on veut employer le miel aux usages du sucre, il faut avoir soin de le clarifier de même. Quand il est blanc et pur, il suffit de le faire fondre avec un peu d'eau à une douce chaleur, et de l'écumer ensuite; mais si l'écume continue à se former, il faut l'étendre avec plus d'eau et le clarifier aux blancs d'œufs comme le sucre. Toutefois il ne faut pas perdre de vue dans ces opérations, que plus on fait cuire long-temps le miel, plus il perd de son sucre, devient noir, amer et âcre.

On conseille aussi, quand il est écumé, au lieu de le clarifier aux blancs d'œufs, d'y jeter des charbons ardens, de les retirer au bout de cinq minutes et de passer le miel au papier.

DES SIROPS.

Lorsqu'on a fait dissoudre le sucre dans une certaine quantité d'eau, qu'on l'a fait écumer et clarifier, et enfin cuire jusqu'à ce que le liquide ait une consistance telle qu'il coule lentement, on a obtenu le sirop le plus simple, *le sirop de sucre*.

Au lieu d'eau pure, prenez, pour dissoudre le sucre, de l'eau chargée de certains principes, un suc de fruits, etc., et vous aurez le sirop de la substance employée. D'où il suit que la préparation des sirops a pour objet de conserver l'odeur, la saveur et quelquefois la couleur des substances qui les forment.

Si on se sert d'une infusion, d'une décoction, ou d'un suc bien clarifiés, il suffit d'y dissoudre du sucre très-blanc au bain-marie et à une douce chaleur, et le sirop sera fait sans cuisson et sans clarification : mais le plus souvent on le fait cuire après avoir battu dans le liquide froid un ou deux blancs d'œufs, et ensuite on l'écume pendant la cuisson, qui doit être prompte. Les sirops doivent rester le moins long-temps possible sur le feu parce qu'ils y prennent de la couleur.

Un sirop bien clarifié non-seulement est limpide et transparent, mais l'eau où on l'a délayé ne doit avoir rien de louche. Celui fait avec de la cassonade a plus souvent cet inconvénient; mais il se candit moins en général que celui préparé avec du sucre bien raffiné. Ce sont les sirops trop cuits qui ont l'inconvénient de se candir le plus : on y remédie, pour un certain temps, en les faisant chauffer afin de redissoudre les portions cristallisées : sans cette précaution la partie du sirop restée liquide, ne contenant plus assez de sucre, fermente et se détériore. Il sera donc toujours plus avantageux de n'employer que du beau sucre et de faire peu cuire. Le sirop fermente moins lorsqu'il a été bien clarifié, et que les bouteilles ne restent point en vidange : il faut donc les tenir bien pleines et surtout bien bouchées. On peut au surplus arrêter pendant quelque temps la fermentation, en ajoutant une cuillerée ou deux d'eau-de-vie forte dans les bouteilles, et en les rebouchant exactement après en avoir fait sortir les bulles d'air, ainsi que la mousse qui se forme à la surface lorsque le sirop fermente. Un moyen d'empêcher cette moisissure de se produire consiste à les tenir dans un lieu sec. Les sirops raccommodés plusieurs fois finissent par se conserver tout-à-fait. Avant de boucher les bouteilles, on fera bien de couvrir le sirop d'une légère couche de sucre en poudre; mais jamais d'huile, qui devient bientôt rance. Les sirops formés avec des sucs acides fermentent peu.

Les personnes qui, contre notre avis, voudraient faire leurs sirops avec de la cassonade commune, n'en obtiendront la clarification complète qu'en la faisant d'abord dissoudre dans l'eau bouillante; ensuite, pendant que le sirop est en ébullition, et chaque fois qu'il jette son bouillon, il faudra y verser, par petite partie, de l'eau dans laquelle on aura battu des blancs d'œufs à raison de deux par livre de cassonade. Cette cuisson, qui dure jusqu'à ce que l'eau surabondante soit évaporée, et ces clarifications successives enlevant le principe colorant de la cassonade, il suffit ensuite de passer à travers une étamine pour avoir un sirop aussi limpide que celui de sucre, mais avec des déchets considérables.

On clarifie de même les sirops faits avec le sucre. S'il s'agit d'une décoction ou d'une infusion, l'on y bat à froid, avec des verges d'osier, les blancs d'œufs et leurs coquilles brisées. Si cependant le sirop est peu chargé, on peut n'ajouter l'eau et les œufs que durant la cuisson. Pendant l'ébullition du sirop l'écume doit être enlevée à mesure qu'elle se présente à la surface, sans quoi elle pourrait se remêler au sirop. Dans tous les cas il faut avoir sous la main de l'eau froide pour en jeter une cuillerée dans le liquide bouillant chaque fois qu'il monte au-dessus des bords du vase; mais de l'eau chargée de blancs d'œufs est préférable. On doit ensuite filtrer en passant à l'étamine. Si le sirop est peu épais, on ne le passe qu'après la cuisson complète; autrement il ne faudrait pas attendre qu'il fût concentré. On doit souvent passer deux fois, mais toujours à chaud.

Les sirops s'altèrent aussi-bien quand ils ne sont pas assez cuits que lorsqu'ils le sont trop; il convient d'atteindre le degré convenable sans le dépasser; beaucoup de signes l'indiquent, mais la consistance est le plus simple. En le versant de haut il doit filer comme une huile épaisse, tomber sans rejaillir, former des gouttes arrondies qui, placées près les unes des autres sur une assiette, ne se rapprochent que lentement; enfin, en soufflant sur la surface, il doit s'y former une pellicule ridée.

La meilleure règle à indiquer pour la dose du sucre à employer dans chaque sirop serait d'en mettre autant que peut en dissoudre le liquide dont on se sert : c'est au moins ce qu'il y a de mieux pour les sirops d'office, les seuls dont nous devons parler. Les sucs acides en dissolvent vingt-six à vingt-huit onces par livre; les décoctions et infusions un peu plus; mais en général il en faut un peu moins du double en poids des liquides employés. Lorsque l'on se sert de cassonade, il en faut davantage à proportion qu'elle contient moins de sucre, qu'elle est plus impure, et que la clarification en est plus difficile.

Sirop de groseilles framboisé.

Prenez trois livres de groseilles qui ne soient pas tout-à-fait parvenues à leur degré de maturité, une livre de cerises de belle qualité et autant de framboises; ôtez les noyaux et tout ce qu'il y a de vert dans ces fruits; exprimez-en le suc dans une terrine; passez ce suc dans un tamis ou un linge, et le laissez reposer pendant quatre jours dans une cave ou dans un autre endroit frais : au bout de ce temps passez-le à la chausse. Le parfum de la framboise étant assez volatil, il pourra arriver que votre suc n'en reste que très-faiblement imprégné : dans ce cas, mettez infuser pendant deux ou trois jours, dans ce même suc clarifié, environ la moitié de son volume de framboises bien mûres. Versez le tout sur un tamis ou ur un linge étendu au-dessus d'un vase quelconque, et laissez filtrer tranquillement la liqueur ans presser les framboises; à chaque livre de ce uc, ajoutez ving-huit onces de sucre concassé. Mettez-le tout dans un vase placé au bain-marie ur un feu modéré; quand votre sucre sera tout-à-fait fondu, vous laisserez éteindre le feu et refroidir le vaisseau, après quoi vous verserez le sirop dans des bouteilles ou flacons pour le conserver.

Le séjour du suc de groseilles à la cave a pour objet de le clarifier au moyen de la fermentation qui s'y établit, et de faire déposer en flocons les parties mucilagineuses qui ensuite restent sur le filtre. On obtient ce résultat plus promptement en ajoutant un peu de lait ou de crème que l'acide du suc coagule, ou du blanc d'œuf, ou, enfin, en le soumettaut à l'action de l'eau bouillante, renfermé dans un vaisseau bien bouché. Dans tous ces cas on peut filtrer plus pronptement; mais le premier moyen, la fermentation dans un lieu frais, est préférable.

Si le suc a été bien clarifié et le sucre raffiné, il ne se formera pas d'écume à la surface du sirop: cependant si on laissait faire quelques bouillons et qu'il s'en formât, il faudrait l'enlever avant de retirer le sirop du feu. Au surplus, tout ce que nous avons dit précédemment des sirops en général s'applique à celui de groseilles framboisé; de mêmes que les détails particuliers qui se trouvent ici doivent servir de guide pour la confection des sirops de fruits acides, dont nous allons parler beaucoup plus succinctement.

Quant au sirop de *groseilles* simple, qui est préféré par les personnes auxquelles la framboise ne plaît pas, on le fait absolument de la même manière; seulement on n'y ajoute pas de framboises.

Sirop de cerises.

Otez les queues et les noyaux à de belles cerises bien mûres et bien saines; mettez-les sur le feu avec un peu d'eau; après quelques bouillons, passez-les en les pressant un peu pour en exprimer tout le jus; mettez alors votre jus dans une poêle, et ajoutez pour chaque livre vingt-huit à trente onces de sucre concassé, et un verre d'eau dans lequel vous aurez fait infuser la veille deux gros de cannelle; faites cuire votre sirop pendant une demi-heure, en ayant soin de bien l'écumer : aussitôt qu'il sera cuit à la grande plume (page 38), retirez-le du feu et laissez-le refroidir avant de le mettre en bouteilles.

Sirop de mûres.

Prenez deux livres de mûres un peu avant leur parfaite maturité, afin que le sirop soit un peu aigrelet ; réduisez en poudre deux livres de sucre, que vous mettrez avec les fruits dans une poêle à confiture, mais sans les écraser, parce que le sirop en resterait trouble; mettez la poêle sur un feu très-modéré; la chaleur fera bientôt crever les mûres, qui, par ce moyen, rendront tout leur suc parfaitement clair : aussitôt que le sucre y sera dissous, il suffira de quelques bouillons pour achever le sirop. Il faudra le passer dans un tamis de crin, sans expression. Les mûres restent sur le tamis, et le sirop n'a pas besoin d'être clarifié.

On peut aussi faire ce sirop avec le suc de mûres, de même que celui de groseilles.

Sirop d'épine-vinette.

On peut préparer ce sirop comme celui de groseilles (page 44). On peut aussi le préparer par décoction comme il suit : Faites bouillir dans un poêlon une pinte d'eau ; jetez-y une livre d'épine-vinette bien mûre et égrenée; après quelques bouillons, laissez infuser jusqu'au lendemain ; alors faites clarifier et cuire au perlé (page 37) deux livres et demie de sucre ; remettez l'épine-vinette sur le feu, et, après quelques bouillons, passez la décoction, que vous ajoutez au sucre, en replaçant le tout ensemble sur le feu : ayez soin d'écumer jusqu'à ce que la cuisson soit achevée, et mettez en bouteilles. Ce sirop ne fermente pas ordinairement.

Sirop de verjus.

Prenez du verjus bien vert, quoique mûr, écrasez-le dans une terrine ; passez d'abord le jus au tamis, et ensuite par la chausse, jusqu'à ce qu'il soit bien clair ; faites cuire ensuite et clarifier trois livres de sucre ; versez dans la poêle et sur ce sucre une livre de suc de verjus ; donnez-lui quelques bouillons, et faites-le cuire au perlé (page 37) ; laissez refroidir votre sirop, et mettez-le ensuite en bouteilles.

L'on peut encore faire ce sirop de la même manière et aux mêmes doses que celui de groseilles.

Sirop de coings.

Choisissez des coings, beaux, sains et bien mûrs ; râpez-les jusqu'au cœur, et exprimez-en le jus à travers un linge ; mettez-le fermenter un jour ou deux, et ensuite faites-le filtrer comme il a été dit pour le suc de groseilles (page 44) ; faites cuire du sucre au soufflé (page 37), et dans chaque livre mettez neuf à dix onces de jus clarifié ; après quelques bouillons sur un feu modéré, retirez le sirop et mettez-le en bouteilles presque froid.

Sirop de limons.

Prenez douze citrons frais et bien juteux ; ôtez le zeste à deux ou trois ; fendez-les ensuite tous en deux, et les pressez fortement pour en exprimer le jus, que vous versez sur ce zeste, et l'y laissez pendant un jour ; passez ensuite dans un linge, ou, s'il est trop trouble, dans un papier ; enfin pesez ce jus ; d'une autre part, mettez sur le jus le double de son poids de sucre avec un verre d'eau. Clarifiez et écumez jusqu'à ce qu'il soit cuit au petit cassé (page 38) ; alors retirez du feu, ajoutez votre suc de citron, mêlez et remettez sur le feu pour faire quelques bouillons seulement. Si vous avez employé un vase de cuivre, n'y laissez pas refroidir votre sirop.

Sirop de vinaigre framboisé.

Prenez un bocal de verre ou bien une cruche de grès ; mettez-y autant de framboises bien mûres et bien épluchées qu'il pourra y en entrer sans les presser ; ajoutez-y assez de bon vinaigre pour les couvrir entièrement ; après huit jours d'infusion, versez tout à la fois, et le vinaigre et les framboises, sur un tamis ou un linge, et, en pressant un peu le fruit, exprimez-en tout le jus ; votre vinaigre étant parfaitement clair et bien imprégné de l'odeur de la framboise (1), pesez-

(1) On peut mettre ce vinaigre framboisé en bouteilles ;

le, et, pour une livre de liqueur, prenez deux livres moins un quart ou même trente onces de beau sucre, que vous concasserez grossièrement; mettez-le dans un vase de faïence, et versez dessus votre vinaigre framboisé; bouchez bien ce vase, placez-le au bain-marie, à un feu très-modéré; aussitôt que le sucre sera fondu, laissez éteindre le feu, et ce sirop étant presque refroidi, mettez-le en bouteilles.

Sirop de pommes.

Prenez douze belles pommes de reinette, que vous pèlerez et couperez en tranches aussi minces que vous pourrez; mettez-les dans un vase de faïence avec une livre et demie de sucre en poudre et six cuillerées d'eau; bouchez le vase, et placez-le au bain-marie pendant deux heures, en entretenant l'eau bouillante; ayez soin de remuer de temps en temps votre vase sans le sortir de l'eau, parce qu'étant saisi par le froid il pourrait se casser; après ces deux heures de cuisson, laissez éteindre le feu et refroidir votre vase sans le

il s'y conserve très-bien; et lorsqu'on veut s'en servir, on en met une cuillerée dans un verre d'eau sucrée. De cette manière on ne fait pas d'avance d'argent pour le sucre comme en préparant le sirop; mais peut-être la boisson qui en résulte est-elle un peu moins agréable que celle faite avec le sirop.

sortir du bain-marie : quand le sirop sera presque froid, vous l'aromatiserez, en y exprimant du suc de citron, et en y ajoutant une cuillerée d'esprit de citron ou une cuillerée d'esprit de cannelle, ou de l'eau de fleur d'orange, enfin tel parfum qu'il vous plaira. Si vous voyez alors une espèce de fécule se précipiter au fond du vase, laissez reposer le tout pendant quelques heures encore, après quoi versez bien doucement votre sirop dans des bouteilles, et le plus adroitement possible, pour ne pas le troubler.

Sirop d'orgeat.

Prenez quatre ou cinq onces d'amandes amères et une livre et demie d'amandes douces, jetez dessus de l'eau bouillante ; après quelques instans ôtez-en la peau et jetez-les dans l'eau fraîche ; égouttez-les et mettez-les dans un mortier de marbre; pilez-les de manière qu'on n'aperçoive aucun fragment d'amandes ; d'une autre part, ayez cinq demi-setiers, ou deux livres et demie d'eau, et quatre livres et demie de sucre ; pour piler les amandes, mettez dans le mortier deux ou trois onces de ce sucre et quelques gouttes d'eau ; le sucre se charge de l'huile des amandes ; quand la pâte est bien formée on la délaie en y versant un peu plus de la moitié de l'eau ; passez la pâte ainsi délayée au travers d'une toile serrée, que vous tordrez le plus fortement qu'il vous sera possible pour en retirer tout le lait d'amandes ; remettez le marc dans le mortier, pilez-le de nouveau en ajoutant une once ou deux de sucre, et ensuite peu à peu le reste d'eau que vous avez conservée ; passez de nouveau ce mélange et exprimez-en tout le liquide qu'il pourra contenir; mêlez ces deux laits d'amandes ensemble; prenez le reste du sucre que vous clarifierez et ferez cuire au fort boulet (page 38); versez-y votre lait d'amandes et laissez le mélange sur le feu, en remuant jusqu'au premier bouillon ; ajoutez un demi-verre d'eau de fleur d'oranger ou quelques gouttes d'huile essentielle de citron. Il ne reste plus qu'à verser ce sirop dans une terrine, et quand il est froid à le mettre en bouteilles.

On le fait cuire encore d'une autre manière : on met le lait d'amandes dans un vase de faïence avec le sucre pilé grossièrement, et on place le tout au bain-marie ou sur des cendres chaudes ; quand le sucre est dissous, ce qu'on accélère en remuant de temps en temps, on le retire du feu, et lorsque le sirop est refroidi on l'aromatise : on passe le tout à travers une étamine blanche et on met en bouteilles.

Sirop de guimauve.

Prenez six onces de racines de guimauve fraîche, que vous laverez à plusieurs reprises pour bien en emporter toute la terre; ôtez-en la première écorce, en ratissant légèrement; fendez et coupez par morceaux; faites bouillir dans quatre livres d'eau pendant sept ou huit minutes seulement, parce que la racine de guimauve, en bouillant plus long-temps, formerait un mucilage capable de gâter votre sirop; passez cette décoction, et faites-y fondre quatre livres de sucre par pinte; clarifiez ce mélange aux blancs d'œuf, ainsi que nous l'avons indiqué (page 35); écumez-le avec soin; faites-le cuire au petit perlé (p. 37); alors retirez promptement du feu le sirop, laissez-le refroidir et mettez-le en bouteilles.

Fait de cette manière, votre sirop aura la saveur de la guimauve; il en aura aussi les qualités émollientes. Le sirop de guimauve que l'on vend dans les boutiques est plus agréable, parce que les pharmaciens et les confiseurs n'y emploient que les fleurs au lieu de la racine; mais il n'a pas plus de propriétés que le sirop de sucre.

Sirop de capillaire.

Le capillaire est un végétal qui contient un principe odorant, léger et fort agréable On en connaît de plusieurs sortes. Mais on emploie le plus ordinairement celui de Montpellier et celui du Canada. Ce dernier, ayant perdu beaucoup de sa qualité aromatique lorsqu'il nous arrive, est fort inférieur au nôtre en bonté, et notamment à celui des montagnes de la haute Bourgogne, qui est bien supérieur à celui qu'on emploie le plus communément, même à celui de Montpellier.

Prenez deux ou trois onces de capillaire le plus odorant et de l'odeur la plus suave; mettez-le dans une terrine vernissée, versez dessus quatre livres ou deux pintes d'eau bouillante; laissez durer l'infusion deux heures, en couvrant le vase; exprimez et coulez cette infusion, dans laquelle vous ferez fondre quatre livres de sucre; mettez le tout sur le feu dans une poêle à confiture, clarifiez-le aux blancs d'œuf (page 35), et continuez la cuisson jusqu'à ce que votre sirop soit au perlé (page 37): versez-le promptement sur du nouveau capillaire haché grossièrement, que vous aurez mis sur l'étamine; et, quand il sera passé, mettez en bouteilles.

Sirop de fleurs d'oranger.

Faites fondre quatre livres de sucre dans autant d'eau; clarifiez et faites cuire à la nappe (page 36); versez en bouillant sur une livre de fleurs d'oranger cueillies le plus récemment possible, et épluchées; après le refroidissement, passez au blanchet, et mettez en bouteilles bien remplies et bien bouchées.

Pour ne pas perdre la fleur qui reste sur le

blanchet, on peut la rouler dans du sucre en poudre et la faire sécher à l'étuve : elle sert à mettre dans des crèmes, des biscuits, des macarons, etc.

Sirop d'écorces d'orange.

Après avoir enlevé toute la partie blanche, des écorces d'oranges fraîches et bien mûres prenez-en cinq onces sur lesquelles vous jetterez une livre et demie d'eau bouillante ; couvrez bien le vase et laissez infuser pendant six heures sur la cendre chaude ; passez et ajoutez deux livres de sucre ; remettez sur le feu, faites cuire et écumer : quand le sirop sera refroidi, ajoutez quelques gouttes d'huile essentielle d'écorces d'oranges, et mettez en bouteilles.

On peut préparer de la même manière le sirop *d'écorces de citron*, qui diffère peu de celui d'orange.

Sirop de punch.

Prenez deux livres du sirops de limons préparé comme il est dit page 49 ; ajoutez, avant qu'il soit tout-à-fait refroidi, vingt ou trente gouttes d'huile essentielle de citron et une bouteille de rack, de rum ou de bonne eau-de-vie, et mettez en bouteilles pour conserver.

On fait du punch en mettant ce sirop dans le

double ou le triple d'eau bouillante, ou mieux encore de thé léger.

CONFITURES.

Nous appelons confitures des préparations de fruits soit entiers, soit divisés, cuits plus ou moins avec une quantité de sucre égale ou presque égale en poids. Les meilleures confitures sont celles qui, ayant assez cuit pour se conserver, gardent toute la saveur, l'odeur et la couleur des fruits. Le moyen de les obtenir aussi parfaites consiste à les préparer avec une quantité suffisante de sucre : de même que pour les sirops, si l'on en met trop, elles se candissent, mais si l'on n'en met point assez, non-seulement elles fermentent et se gâtent dans les pots, mais il en résulte d'autres inconvéniens, qui méritent d'être examinés.

Le premier, c'est qu'il faut les cuire beaucoup pour les amener par l'évaporation à une consistance convenable, afin qu'elles se conservent; or, cette cuisson prolongée les noircit et leur donne une saveur amère ou plus désagréable encore, et fait perdre l'odeur du fruit.

En second lieu, la dépense est réellement plus considérable lorsqu'on n'emploie pas une quantité suffisante de sucre. En voici la preuve : avec dix livres de fruits vous aurez environ huit livres de jus ; ajoutez huit livres de beau sucre ; comme votre confiture sera faite presque sans déchets, il vous en restera environ quatorze livres. Le fruit vous coûtera un franc, le sucre dix, et vous aurez par conséquent pour onze francs quatorze livres de confitures, ce qui les met à moins de seize sous. Si vous n'employez que quatre livres de sucre pour la même quantité de fruits, la dépense ne sera que de six francs ; mais il faut la porter à sept à cause de la grande quantité de combustible qui sera nécessaire pour produire l'évaporation suffisante ; et quand votre confiture sera assez réduite, il n'en restera guère que sept à huit livres ; ce qui en mettra le prix à près de vingt sous.

Ces calculs seront appréciés par les personnes qui cherchent une véritable économie; ils ne le seront pas moins par celles qui voudront se procurer des confitures bien transparentes et d'un goût agréable. On peut dire qu'en général il y a beaucoup à gagner à ne pas ménager le sucre.

Il y a un semblable avantage à n'en employer que du beau. Non-seulement le sucre commun est moins bon, mais il revient réellement à un prix plus élevé, en raison des déchets qu'il faut lui faire subir en le clarifiant et l'écumant pendant la cuisson des confitures, si l'on veut éviter qu'il leur reste un goût de mélasse et une couleur louche fort désagréables. Il suit de là que, pour obtenir autant de confitures qu'avec du beau sucre, il faut en employer une quantité de commun bien supérieure à la différence de prix, et que la dépense est plus forte. Les personnes qui se donneront la peine de peser les confitures qu'elles auront obtenues, et la dépense faite, s'apercevront bientôt de la justesse de nos calculs, et nous pensons qu'elles s'arrêteront définitivement à nos conseils.

On peut donc poser en règle que les confitures les moins cuites seront les plus agréables, pourvu qu'elles puissent se conserver. Elles ont d'autant moins besoin d'une cuisson longue, qu'elles contiennent plus de sucre : toutefois il ne faut pas outrer cette règle, puisque, comme nous l'avons dit plus haut, elles se candiraient si elles en avaient trop. Nous ne pensons pas que l'on doive en employer plus qu'un poids égal à celui du fruit.

Le vase qui convient le mieux pour cuire les confitures, est une poêle en cuivre non étamé : les vases de faïence, et encore plus de terre, les feraient brûler ou leur donneraient un goût désagréable : l'étamage altérerait la couleur de quelques-unes. Lorsque l'on manque de la bassine, dite *poêle à confiture*, dont le fond est plat et un peu arrondi au bord, on peut employer un chaudron ordinaire ; mais il ne faut jamais s'en servir sans le faire récurer avec bien du soin ; il ne faudrait pas s'en dispenser sur le prétexte que l'on n'y verrait aucune trace de vert-de-gris; il se fait par l'air seulement une oxidation à la surface du cuivre, qui le ternit, et peut, en se déposant dans la confiture, non point produire l'empoisonnement, mais donner une odeur cuivreuse très-désagréable.

Pour empêcher que les poêles ne soient atteintes par le vert-de-gris pendant le long temps qu'elles restent souvent sans emploi, ce qui les userait plus promptement qu'un usage habituel, on conseille de les laver encore chaudes avec une éponge, et de les enduire aussitôt d'une couche de colle faite avec de la fécule de pomme de terre; cette colle séchera sur le cuivre et empêchera le vert-de-gris de se former à sa surface.

Pour cuire les confitures, il faut en général un feu assez fort, afin qu'elles restent peu de temps en ébullition. Il ne faut pas que la bassine soit trop pleine, parce que la cuisson serait difficile, ni en mettre une couche trop mince, dans la crainte de les voir s'attacher et brûler. Au surplus, pour éviter ces derniers inconvéniens, on doit les remuer continuellement avec une spatule ou une cuillère de bois, et détacher ce qui se fixerait aux bords par les flots du bouillon. A mesure que l'écume se montre à la surface, il faut l'enlever avec l'écumoire.

On juge que la cuisson des confitures est achevée quand, en en versant une cuillerée sur une assiette froide, elle s'y fige aussitôt. Il convient alors de retirer du feu ; mais il faut bien éviter de laisser refroidir dans la bassine avant de mettre en pots, parce que l'on sait que les acides des fruits attaquent bien plus le cuivre lorsqu'ils sont froids, et que par conséquent en laissant refroidir les confitures dans la bassine, il s'y formerait infailliblement du vert-de-gris.

Si vous les empotez dans des pots de faïence, il n'y a nul danger ; mais dans des bocaux de verre, vous verriez ceux ci se casser si vous ne les chauffiez soit en les trempant dans l'eau bouillante, soit en y versant d'abord une seule cuillerée de confiture que vous étendez à toute la surface du pot en le tournant; quand il est ainsi également échauffé, vous pouvez sans crainte le remplir entièrement de votre gelée, quelque chaude qu'elle soit.

En général on ne recouvre les pots qu'après le refroidissement; c'est ordinairement le lendemain ou le surlendemain. On taille un morceau de papier en rond de la grandeur exacte de l'intérieur du pot ; on y laisse seulement une petite portion, une sorte d'oreille que l'on replie en dessus, et qui sert à retirer plus facilement ce même papier lorsque l'on veut manger les confitures. Mais avant de l'appliquer sur la superficie du fruit, on a soin de bien l'imbiber d'eau-de-vie ; on ferme ensuite le pot avec un premier papier que l'on colle au bord, puis avec un second que l'on ne fait que ficeler.

Lorsque l'on a passé les confitures au tamis ou au blanchet, on a des résidus qui contiennent du sucre et une partie du fruit; dans les ménages on peut jeter de l'eau sur ces restes pour en faire une boisson, qu'il faut boire, à la vérité, avant le troisième jour, parce qu'elle deviendrait aigre, mais qui est fort agréable tant qu'elle est récente.

On peut faire de ces résidus, surtout de ceux des confitures d'abricots, de pêches et de mirabelles, un vin de liqueur délicieux. Pour cela, on les délaie dans du bon vin blanc au lieu d'eau; on fait déposer ensuite un jour ou deux, puis on passe au papier ou à la chausse et on ajoute un verre d'eau-de-vie par bouteille.

Enfin on peut encore, en ajoutant à ces résidus un mélange par moitié d'eau et d'eau-de-vie, et en le passant ensuite à la chausse, s'en servir pour faire des cerises ou des prunes à l'eau-de-vie.

Quelques personnes font laver la bassine où l'on a fait cuire les confitures, pour obtenir une boisson comme celle dont nous venons de parler: cette pratique ne serait pas sans danger si l'on attendait que ce vase fût refroidi: il faut avoir bien soin d'y verser l'eau aussitôt que les confitures en sont sorties; et encore serait-il plus sûr de n'employer dans ce cas que de l'eau chaude, ou même de s'abstenir de cette boisson.

Toutes les observations que nous venons de faire à l'égard des confitures sont applicables aux gelées, aux marmelades, et, jusqu'à un certain point, aux compotes de fruits.

Confiture de groseilles en grappe.

Pour confire les groseilles en grappe, il faut les choisir belles et bien claires, indifféremment rouges ou blanches, mais mélangées; mettez-les dans du sirop de sucre clarifié et cuit à la grande plume (page 37), faites-leur prendre quelques bouillons; laissez-les reposer dans le sirop jusqu'au lendemain, après quoi retirez-les; faites recuire le sirop au perlé, et jetez-le ensuite sur le fruit, que vous aurez eu soin de dresser dans des pots auparavant; ayez soin de ne les couvrir que le lendemain. Il faut une livre de sucre par livre de fruit.

Confiture de groseilles épépinées de Bar.

Retirez adroitement les pepins de vos groseilles avec un cure-dent, et procédez ensuite comme à l'article précédent.

Confiture d'épine-vinette.

Épluchez de l'épine-vinette sans pepins, et faites-la blanchir dans de l'eau où vous aurez mis deux citrons coupés en tranches, mais que vous ôterez au moment où vous jetterez dedans votre épine-vinette; ne la laissez dans l'eau que le temps nécessaire pour lui ôter la trop grande acidité que le sucre ne peut pas corriger; faites-la égoutter sur un tamis jusqu'à ce qu'elle soit bien sèche, mettez-la ensuite avec son poids égal de sucre clarifié et cuit au soufflé (page 37); faites bouillir quelques bouillons, écumez et versez dans les pots.

Confiture d'épine-vinette en grappe.

Prenez de l'épine-vinette sans pepins, ou comme il est indiqué à l'article de la confiture de Bar; mettez autant de livres de sucre que vous avez de fruit; faites-le cuire au petit boulet (page 38); retirez votre bassine du feu, et mettez dedans votre épine-vinette; faites-lui jeter quelques bouillons, et écumez; retirez votre appareil du feu; laissez-le reposer dans une terrine jusqu'au lendemain, et mettez en pots.

Confiture de cerises.

Otez les queues et les noyaux à six livres de cerises bien mûres; ajoutez-y deux livres de jus de groseilles rouges, préparé comme pour la gelée de groseilles (page 69). On peut remplacer une partie de ce jus par une demi-livre ou une livre de jus de framboise. Mettez le tout dans une bassine sur un grand feu ; faites bouillir et écumer pendant une demi-heure ; ajoutez trois quarterons de sucre par livre de jus et de fruits ; laissez bouillir encore une demi-heure, puis retirez du feu pour verser dans vos pots, sans laisser refroidir.

Confiture de framboises.

Prenez quatre livres de framboises épluchées, dont vous mettez de côté la moitié en choisissant les plus belles ; écrasez les autres avec une livre de groseilles blanches ; pressez le tout dans un linge, et mettez cuire le jus dans la bassine avec deux livres ou deux livres un quart de sucre ; écumez, et, après un bon quart d'heure de cuisson, ajoutez les framboises entières ; faites bouill'r de nouveau pendant dix minutes environ, et mettez en pots aussitôt que la gelée fige sur une assiette.

Confiture de raisin muscat en grains.

Prenez du raisin muscat ; égrenez-le, et ôtez-en les pepins de manière à conserver le jus et la forme des grains ; faites bouillir environ cinq ou six livres d'autre raisin, et exprimez-en le jus ; prenez un quarteron de sucre par livre de raisin ; faites-en un sirop, dans lequel vous mettez bouillir vos grains de raisin jusqu'à ce qu'ils aient perdu leur couleur verdâtre ; retirez-les ensuite de ce sirop avec une écumoire ; remettez dans ce sirop le jus qui provient du raisin que vous avez fait bouillir, et faites-le cuire sur un grand feu jusqu'à ce qu'il commence à se former en gelée ; alors mettez dans ce sirop vos grains entiers, et faites-le bouillir de nouveau jusqu'à ce qu'il soit en gelée parfaite : sept à huit minutes doivent suffire.

Confiture de raisin.

Égrenez du raisin de vigne et non de chasselas ; écrasez-le avec les mains dans une terrine ; pressez dans un torchon, et faites cuire et écumer le jus comme il est dit pour celui de groseilles (page 69) ; employez une demi-livre de sucre par livre de jus, et achevez de même que pour la gelée de groseilles. Évitez surtout d'ajouter la moindre goutte d'eau, qui empêcherait cette confiture de prendre en gelée.

Confiture de verjus.

Prenez du verjus qui ne soit ni trop vert ni trop mûr, de manière qu'en le fendant on puisse en extraire aisément les pepins ; jetez-le au fur et à mesure dans l'eau fraîche ; d'un autre côté, faites bouillir de l'eau dans une poêle, et laissez-y votre verjus jeter un bouillon ; ensuite retirez-le aussitôt qu'il remonte sur l'eau, laissez-le refroidir dans cette eau ; remettez sur des cendres chaudes pour le faire reverdir ; passez-le encore à l'eau fraîche; et après qu'il a égoutté sur un tamis, mettez-le dans une terrine. Prenez autant de livres de sucre qu'il y aura de livres de fruit; faites-le cuire au lissé (page 37), et jetez-le chaud sur votre fruit; le lendemain, faites-le égoutter de nouveau et remettez cuire le sucre; jetez-y ensuite le verjus. Pour le finir, il faut, lorsque votre sucre est cuit au grand perlé (page 37), y ajouter votre verjus et lui faire prendre quelques bouillons; après quoi écumez-le, et mettez-le de suite dans vos pots.

Confiture de verjus en grains.

Procédez de la même manière que pour les confitures de raisin muscat, avec la différence que vous ajouterez cinq quarterons de sucre par livre de fruit.

Il ne faut pas attendre, pour faire cette confiture, que les gelées blanches aient passé sur ce fruit; car le verjus alors a perdu son goût particulier sans avoir gagné celui du bon raisin.

Confiture de prunes sauvageonnes.

On recueille au commencement de l'hiver une espèce de prune qu'on nomme sauvageonne; elle n'a pas un goût fort agréable; mais elle sert à faire de très-bonne confiture. Il faut avoir soin de ne les employer qu'après les premières gelées blanches. Après en avoir retiré les noyaux, mettez-les cuire dans une bassine pendant un quart d'heure sur un feu modéré ; quand elles ont acquis un degré de cuisson presque suffisant, jetez dans votre bassine une livre et demie ou deux de sucre ou de belle cassonade pour douze à quinze livres de fruit. Votre confiture étant à une consistance assez épaisse pour qu'on ne puisse la retourner qu'avec peine, retirez-la du feu et mettez-la dans des pots de grès ; placez ces pots dans le four au moment où l'on en a retiré le pain ; laissez-les jusqu'au lendemain matin ; après quoi retirez-les et mettez-les dans un lieu sec. Cette confiture peut se conserver au moins pendant deux ans. Quand on veut en servir sur la table, on en prend avec une cuillère et l'on en met sur une assiette, ou dans des pots de faïence : elle est surtout recommandable par le peu de dépense qu'elle occasione.

Confiture de poires de messire-jean.

Prenez des poires bien mûres que vous pelez et coupez par quartiers ; avec les pelures et le cœur des poires, vous faites un sirop pour lequel il faut très-peu de sucre, parce que la poire de messire-jean est très-sucrée ; les pelures et les cœurs des poires étant cuits, retirez-les du sirop : pour augmenter la quantité de sirop de manière que les poires puissent baigner dedans, prenez cinq à six livres de raisin, exprimez-en le jus que vous versez dans le sirop avec les quartiers de poires; remuez sans cesse et doucement pour qu'il se conservent entiers. Vos poires étant de belle couleur, c'est un signe qu'elles sont suffisamment cuites; alors vous pouvez les retirer. Il faut avoir la précaution de ne faire cette confiture que sur un feu modéré, parce qu'elle prendrait trop vite cette couleur dorée qui tromperait sur sa cuisson, et alors le défaut de cuisson l'empêcherait de se conserver.

DES GELÉES.

On appelle ainsi des préparations composées avec le suc des fruits cuits avec environ partie égale de sucre. Elles doivent avoir la consistance d'une colle tremblante quand elles sont refroidies, conserver de la transparence, ainsi que le goût et la couleur des fruits. Ce sont des fruits visqueux, contenant beaucoup de jus et de mucilage, tels que les groseilles, les cerises, les pommes et autres semblables, dont on fait ordinairement les gelées. Tout ce qui a été dit page 56 et suivantes, en parlant des confitures en général, s'applique parfaitement aux gelées, qui sont de véritables confitures où seulement les fruits ne sont jamais entiers.

Gelée de groseilles.

Prenez six livres de groseilles rouges, deux ou trois livres de blanches et une ou deux livres de framboises, toutes bien mûres sans l'être trop; écrasez tous ces fruits avec les mains dans une terrine; et retirez-en les rafles ou queues; mettez ensuite le fruit dans un linge fort et serré où vous les pressez fortement pour en exprimer tout le jus; versez ce jus dans une bassine; faites bouillir sur un grand feu, en écumant soigneusement; et après un quart d'heure de cuisson environ, vous ajoutez le sucre concassé dans la proportion de trois quarterons par livre de jus; laissez encore bouillir une demi-heure, en continuant d'écumer. La gelée est assez cuite quand, en en versant une cuillerée sur une assiette, elle s'y fige: on la met alors dans des pots, et on la couvre deux jours après.

Gelée de groseilles sans cuisson.

Mettez dans une bassine six livres de beau sucre en poudre; versez-y un verre d'eau en la laissant tomber par gouttes, et en remuant la poudre pour que l'humectation soit uniforme: mettez sur un feu doux, et remuez constamment jusqu'à ce que le sucre soit parfaitement sec; versez alors, sans ôter la bassine du feu, six livres de jus préparé de même que pour la gelée précédente ; remuez pour mélanger : au premier bouillon, retirez du feu et mettez en pots. Cette gelée conserve le goût du fruit d'un manière parfaite.

Gelée de cerises.

Elle se fait avec le jus de cerises de la même manière que la gelée de groseilles ; seulement on n'y mêle pas de framboises. On y met la même quantité de sucre. On peut ajouter, pendant la cuisson dans la bassine, un huitième environ des amandes des noyaux de cerises. Si l'on ne voulait pas que les amandes y restassent, il faudrait passer la gelée; mais, dans ce cas, on lui communiquerait un goût plus agréable, en mettant avec les amandes les noyaux cassés.

Gelée de prunes.

Les prunes de reine-claude sont les seules qui aient assez de suc et de parfum pour faire une gelée agréable : les autres sont trop charnues. On prépare la gelée de prunes comme celle de cerises; et avec la pulpe, qui reste après avoir retiré le suc, on peut faire des marmelades fort bonnes. Il en est de même pour les cerises.

Gelée de pommes.

Prenez des pommes de reinette mûres : on peut en ajouter quelques-unes de calville ; on les pèle, on en ôte le cœur et on les coupe en quartiers ;

mais promptement pour qu'elles ne se noircissent pas, et on les jette dans l'eau avec quelques tranches de citron; on les retire et on les laisse égoutter pour les mettre dans une bassine avec une quantité suffisante de nouvelle eau, de manière à les en recouvrir; on fait bouillir jusqu'à ce que les pommes soient réduites en marmelade, alors on les met sur un tamis, et l'on en extrait le jus en pressant très-peu; ensuite on passe ce jus à la chausse après y avoir mis un jus de citron par livre. D'un autre côté, prenez autant de livres de sucre, que vous clarifierez et ferez cuire au cassé, versez dedans votre jus, en remuant le mélange avec l'écumoire pour l'empêcher de franchir les bornes de la bassine; ayez soin aussi de l'écumer. La gelée est cuite aussitôt qu'elle tombe en nappe : on peut alors y ajouter une écorce de citron pour l'aromatiser, ou quelques cuillerées d'infusion de safran pour lui donner une belle couleur jaune.

Gelée de pommes aromatisée.

La gelée de pommes n'a point de parfum : on peut lui en donner en ajoutant à la fin de la cuisson soit de l'eau de fleur d'oranger ou de rose, à raison d'une once environ par livre, soit du zeste d'orange ou de citron, soit enfin quelques gouttes d'huile essentielle de ces substances.

On donne de la couleur avec un peu de carmin pour la gelée de rose, et de safran pour celle d'orange.

Gelée de coings ou cotignac.

Prenez de beaux coings bien jaunes, qui ne soient pas cependant à leur parfaite maturité; enlevez le duvet qui recouvre leur peau; coupez-les par morceaux et ôtez-en les pepins; mettez-les dans une bassine avec un quantité suffisante d'eau, pour en faire une forte décoction qui forme une espèce de gelée rougeâtre et transparente; quand ils sont bien cuits, jetez-les sur un tamis au-dessus d'une terrine; laissez égoutter vos coings et pressez-les même un peu; passez ce jus ainsi que la décoction, et ensuite pesez-les. D'un autre côté, prenez une égale quantité de sucre; faites-le clarifier et cuire au cassé; retirez-le pour y verser votre décoction; remuez bien le mélange avec l'écumoire, enfin remettez-le sur le feu. Vous jugez de sa cuisson en y trempant l'écumoire: si votre gelée tombe en nappe, alors il faut la retirer et la mettre dans des pots.

Si l'on désire le *cotignac* sec, on met cette gelée dans des petites boîtes de bois de sapin ou dans des formes de fer-blanc, et on la met sécher à l'étuve ou au four.

DES MARMELADES

Les marmelades sont des confitures qui ressemblent aux gelées, en ce qu'elles ne se font pas avec les fruits entiers; mais elles en diffèrent en ce qu'elles ne contiennent pas seulement le suc, mais en outre la pulpe des fruits; elles ont aussi un peu plus de consistance, contiennent moins de sucre et ne conservent pas de transparence. Ces différences sont si peu importantes, que les marmelades sont le plus souvent désignées par le titre commun de confitures. Un autre point de ressemblance qu'il importe d'indiquer ici, c'est que pour leur préparation on peut suivre toutes les règles et prendre toutes les précautions que nous avons rapportées à l'article des confitures, page 56.

Marmelade de cerises.

Pressez des cerises, belles, mûres et vermeilles; ôtez-en les queues et les noyaux; prenez pour chaque livre de fruit une demi-livre de sucre; clarifiez-le et faites-le cuire au grand perlé (page 37); après quoi, mettez-y votre fruit et remuez-le avec l'écumoire en tous sens, afin de lui faire prendre le sucre partout, et ayez soin de l'écumer. Faites cuire le tout pendant une heure; ne laissez pas refroidir dans la poêle, et versez dans les pots.

Marmelade de prunes de reine-claude.

Prenez de belles prunes à leur degré parfait de maturité, ôtez-en les noyaux, et mettez-les au fur et à mesure dans une terrine; puis versez-les dans une passoire; écrasez-les avec un pilon de bois, et recueillez-en la chair dans un vase que vous placerez au-dessous, mettez-le ensuite sur le feu pour dessécher votre fruit, et remuez-le souvent avec la spatule ou l'écumoire; prenez pour six livres de fruit, quatre livres de sucre, que vous faites clarifier et cuire au petit cassé (page 38); versez-le dessus votre marmelade; avec la spatule, remuez pour bien iucorporer le mélange, et faites cuire jusqu'à ce qu'il soit à consistance de gelée, après quoi vous retirez votre marmelade et la versez dans des pots.

Si vos prunes ne sont pas entièrement mûres, faites-leur prendre quelques bouillons; laissez-les égoutter sur un tamis, écrasez-les ensuite dans la passoire, et terminez comme ci-dessus.

Marmelade de mirabelles.

Il y a de petites prunes jaunes qui ressemblent beaucoup à la mirabelle; mais pour bien connaître celle-ci, il suffit qu'en l'ouvrant, le fruit étant parfaitement mûr, le noyau quitte la chair sans qu'il y reste rien. Observez pour ces prunes les mêmes procédés que pour les précédentes, excepté que si vos mirabelles sont bien mûres, vous employez autant de sucre pesant que vous avez de fruit, et que vous en mettez un peu davantage si elles ne le sont pas parfaitement.

Marmelade de framboises.

Prenez des framboises bien mûres, épluchez et pressez-les; passez au tamis pour en extraire la pulpe que vous mettez dans une bassine sur le feu, jusqu'à ce qu'elle soit réduite de moitié, ayant soin de remuer avec la spatule; versez sur le sucre que vous avez auparavant clarifié et fait cuire au petit boulet (page 38). On en met une demi-livre par livre de fruit. Remuez bien le mélange avec la spatule; remettez-le sur le feu; et lorsque vous lui avez donné quelques bouillons, votre marmelade est finie, et vous la mettez dans des pots.

Marmelade d'abricots.

Choisissez de beaux abricots de plein vent, bien mûrs; pelez-les, ôtez-en les noyaux, les taches, et coupez-les en morceaux. Pour six livres de fruit, prenez trois à quatre livres de sucre concassé; mettez le tout sur le feu, et faites cuire en remuant constamment avec une spatule de bois. Au bout de trois quarts d'heure environ, la cuisson est suffisante, ce que l'on connaît aussitôt qu'en prenant un peu de marmelade au bout d'un doigt et en appuyant le pouce dessus, il se forme

4.

un petit filet en les séparant ; alors, avant de la retirer du feu, ajoutez-y les amandes de la moitié des noyaux ; remuez bien pour les répandre également, et mettez en pots.

Il faut, avant de se servir de ces amandes, en retirer la peau au moyen de l'eau bouillante.

Marmelade de pêches.

Mettez quatre livres de pêches bien mûres, pelées, coupées par morceaux et sans noyaux, dans trois livres de sucre clarifié et cuit au fort perlé (page 37) ; faites cuire sans cesser de remuer avec la spatule, et achevez votre marmelade comme celle d'abricots.

Marmelade de poires.

On peut la faire avec des poires de rousselet, de royale-d'hiver, de bon-chrétien, de martin-sec, de messire-jean, ou toutes autres poires cassantes et sucrées. On les pèle, on les coupe en quartiers, on ôte le cœur, et on les met dans une bassine avec assez d'eau pour les couvrir ; on fait cuire à grand feu jusqu'à ce qu'elles soient amollies, alors on les retire avec l'écumoire, on les met sur un tamis ou dans une passoire, on les écrase et on en reçoit la pulpe dans une terrine. Pendant cette opération, on a dû mettre dans l'eau où les poires ont cuit, du sucre à raison de huit onces par livre de fruit. Aussitôt que ce sucre est fondu et un peu écumé, on y ajoute la pulpe, et on achève la cuisson que l'on pousse plus ou moins long-temps, selon que l'on veut donner à la marmelade plus ou moins de consistance. Il ne reste plus qu'à mettre en pots.

On pourrait se dispenser de pulper les poires : elles se conserveraient par quartiers, et il en résulterait une marmelade qui ressemblerait à une compote.

Marmelade de pommes.

On peut la préparer de la même manière que celle de poires.

Marmelade de coings.

Prenez des coings bien mûrs et d'un beau jaune; pelez-les, ôtez-en les cœurs, et coupez-les en morceaux; mettez-les sur le feu avec une quantité d'eau suffisante pour les recouvrir; quand ils commenceront à s'amollir, retirez-les de la poêle et mettez-les égoutter sur un tamis; écrasez-les dans un mortier, et passez-les au tamis; versez cette pulpe dans une égale quantité de sucre cuit au petit cassé (page 38), et remuez ce mélange sur le feu. Quand vous en prendrez sur l'écumoire, et que, le laissant tomber, il formera une espèce de gelée, c'est un signe que votre marmelade est cuite; alors vous la retirerez du feu et la mettrez dans des pots.

Marmelade d'écorce d'oranges.

Prenez des écorces bien saines et récemment enlevées à de belles oranges bien mûres; jetez-les dans l'eau bouillante; quand elles commenceront à s'amollir, retirez-les à l'eau fraîche, puis les faites bien égoutter et les pilez fortement; passez-les ensuite dans un tamis de crin avec la spatule; le tout étant passé, pesez votre fruit, et pour une livre prenez une livre et demie de sucre que vous ferez clarifier et cuire au grand perlé (page 37); mettez le tout ensemble sur le feu; faites-lui prendre plusieurs bouillons, en remuant sans discontinuer jusqu'à ce que la marmelade soit achevée : pour connaître si elle est à son degré de cuisson, vous en prendrez avec le bout du doigt et l'appuierez sur le pouce; si le filet tient, il faut la retirer et la mettre dans les pots.

Toutes les marmelades de fruits jaunes, comme cédrats, citrons, poires, bergamotes, bigarades, chinoises, se font de la même manière que la précédente.

Marmelade de fleurs d'orange.

Prenez deux livres de belles fleurs d'orange fraîchement cueillies et bien blanches; épluchez-les, et mettez-les au fur et à mesure dans l'eau fraîche ; ayez de l'eau bouillante dans une poêle ; jetez-y votre fleur, et faites-lui prendre seulement un bouillon ; retirez-la aussitôt du feu et mettez-la sur un tamis ; faites bouillir d'autre eau, jetez-y de nouveau votre fleur et faites-la blanchir à grand feu, en exprimant dessus le jus de deux ou trois citrons; remuez constamment ce mélange avec la spatule ; vous reconnaîtrez que votre fleur sera assez blanchie, en en prenant quelques feuilles dans les doigts, si elles s'écrasent facilement ; vous la retirez du feu, la mettez sur un tamis et l'y arrosez avec de l'eau fraîche jusqu'à ce qu'elle soit entièrement froide ; exprimez dans cette eau le jus d'un citron ; étant égouttée, pressez votre fleur le plus que vous pourrez dans un linge, pour en retirer l'eau ; mettez-la dans un mortier, où vous la pilez jusqu'à ce qu'elle forme une espèce de pâte, et mouillez-la d'un jus de citron. Prenez ensuite deux livres et demie ou au plus trois livres de sucre fin, que vous ferez cuire au perlé (page 37) ; mettez votre fleur d'orange pilée dans un poêlon à part ; détrempez-la peu à peu avec quelques parties de votre sucre en remuant avec une spatule ; quand vous en aurez employé environ la moitié, remettez l'autre partie sur le feu pour la faire cuire au petit soufflé ; jetez-la ensuite sur votre marmelade, en la remuant toujours avec la spatule pour bien mélanger ; posez de nouveau sur le feu sans faire bouillir, mais seulement bien chauffer, et ensuite versez dans les pots.

Marmelade de verjus.

Écrasez du verjus en grains et presque mûr ; faites prendre quelques bouillons dans une poêle ; passez dans un tamis pour en avoir la pulpe que vous remettez sur le feu, et après en avoir fait évaporer le quart environ, ajoutez le poids égal de sucre ; faites cuire jusqu'à ce que la marmelade forme gelée ou fasse filet entre deux doigts.

Marmelade d'épine-vinette.

Mettez sur le feu trois livres d'épine-vinette égrenée et bien mûre, dans une chopine d'eau ; après quelques bouillons, écrasez le fruit sur un tamis, et remettez la pulpe sur le feu pour hâter l'évaporation ; remuez, et après réduction du quart, ajoutez dans la poêle trois livres de sucre que vous aurez soin de faire cuire au soufflé (page 37) ; mêlez bien, et aussitôt le premier bouillon, mettez en pots.

DES COMPOTES.

On appelle ainsi les préparations de fruits faites avec une petite quantité de sucre, et destinées à être mangées aussitôt que la cuisson en est achevée et qu'elles sont refroidies. Comme les fruits n'y sont que peu ou point divisés, ils ne cuisent jamais assez complétement, et d'ailleurs on n'y met point assez de sucre pour qu'elles se puissent conserver long-temps.

Compote de pommes.

Prenez six belles pommes de reinette, dont vous ôtez la pelure et le cœur ; soit que vous les coupiez en deux ou les laissiez entières, faites-les bouillir dans une pinte d'eau avec quatre onces de sucre et le jus d'un citron ; aussitôt qu'elles sont cuites et ramollies, dressez-les dans le compotier : faites bouillir alors le liquide restant, en le clarifiant et l'écumant jusqu'à ce qu'il soit réduit en sirop épais ; dès qu'il est refroidi on le verse sur les pommes, et la compote peut être servie.

Les reinettes sont les meilleures pommes à compotes, parce qu'elles se tiennent plus fermes et qu'elles ont plus de goût. Le calville vient ensuite, puis le châtaignier et le francatu ; mais il faut leur conserver la pelure, ce qui ôte une partie de l'agrément de cette préparation.

Compote de poires.

Prenez, dans la saison, des poires blanquettes, muscades, rousselet ou autres, et après en avoir piqué légèrement la peau avec la pointe d'un couteau, mettez blanchir dans l'eau bouillante jusqu'à ce qu'elles soient amollies ; on les jette alors dans l'eau froide, d'où on les prend pour les peler, ôter le cœur, les couper en deux, si l'on veut, et les remettre dans d'autre eau froide avec quelques tranches de citron, afin que la blancheur s'en conserve. Pour une compote de deux livres environ, faites clarifier une demi-livre de sucre avec un verre d'eau ; quand le sucre est cuit au lissé (page 37), ajoutez un jus de citron ou un morceau de cannelle, et mettez-y les poires prendre quelques bouillons ; retirez alors pour les dresser dans le compotier ; et ensuite, après avoir encore donné un peu de cuisson au sucre et l'avoir laissé refroidir, versez-le sur vos poires et servez.

On peut faire de même la compote de poires de martin-sec, en conservant la queue ; et, si l'on veut, une partie de la peau ; de poires de bon chrétien, de doyenné, de virgouleuse, de Saint-Germain, de messire-jean, etc., etc.

On fait cuire dans une casserole étamée, ou avec un morceau d'étain, les compotes de poires que l'on veut rendre rouges : il en est auxquelles on ajoute un verre de vin au milieu de la cuisson.

Compote de poires au vin.

On met dans une casserole quelques poires à cuire, entières ou coupées par morceaux, avec un verre d'eau, deux ou trois onces de sucre et un morceau de cannelle ; on fait cuire à petit feu, et quand le jus et l'eau sont presque évaporés, on ajoute un verre de vin : quand elles sont cuites, on les retire pour faire épaissir le sirop vineux qui reste, et on le verse chaud sur ces poires dans le compotier.

Compote de coings.

Après avoir ôté la pelure, les cœurs et les duretés à de beaux coings, préparez votre compote comme celle de poires, et avec la même quantité de sucre.

Compote de cerises.

Coupez la moitié des queues à une livre de belles cerises, et faites-les bouillir dans un quarteron de sucre cuit d'avance à la nappe (page 36) ; après avoir écumé une fois ou deux, retirez vos cerises et dressez-les dans le compotier ; laissez cuire ensuite quelques instans le jus, et aussitôt qu'il est refroidi, versez-le sur le fruit pour servir. On peut ajouter quelques framboises ou des zestes de citrons pour aromatiser. Cette compote est plus agréable en ôtant aux cerises la queue et le noyau.

Compote de fraises et de framboises.

Dans une demi-livre de sucre cuit en sirop, avec un demi-verre d'eau, écumé et bouillant, mettez une livre de fraises ou de framboises bien mûres sans l'être trop, et bien épluchées; retirez aussitôt du feu et laissez reposer un quart d'heure; remettez-les ensuite sur le feu, d'où, après un seul bouillon, on peut les ôter pour servir après qu'elles sont froides.

Ces deux dernières compotes peuvent encore se préparer en mettant une couche de sucre en poudre au fond d'un bocal, un lit de fruits, puis du sucre et encore un lit de fraises ou de framboises, jusqu'à ce que le bocal soit rempli. On verse sur le tout un verre de vin de Frontignan ou de Rivesalte, en le répandant également, et après quelques heures de repos on fait cuire au bain-marie, puis l'on verse dans un compotier et l'on sert après avoir laissé refroidir.

Compote d'abricots.

Prenez une douzaine de beaux abricots bien mûrs, mais fermes; ôtez-en la pelure, et séparez-les en deux pour en ôter le noyau; ou, si vous voulez les conserver entiers, faites une ouverture sur le côté de chaque abricot pour enlever le noyau avec la pointe d'un couteau, faites-les blanchir dans l'eau bouillante jusqu'à ce qu'ils soient mollets : mettez-les dans l'eau froide. Ayez d'ailleurs un quarteron de sucre cuit dans un verre d'eau et écumé; mettez-y vos abricots, et après avoir fait bouillir un quart d'heure, retirez-les pour les mettre dans le compotier, où vous versez le sirop quand il est refroidi.

Compote de pêches.

Elle se prépare de même que la précédente. On peut aussi ouvrir de belles pêches en deux, placer les moitiés du côté de la peau sur un plat, remplir la cavité du noyau d'une cuillerée à café de vin muscat pour chaque, les saupoudrer amplement de sucre en poudre, les recouvrir d'une assiette renversée, et placer le tout sur la cendre rouge jusqu'à ce que les pêches soient cuites.

Compote de prunes.

Elle est meilleure avec les prunes de reine-claude ou de mirabelle, mais on la fait quelquefois avec les perdrigons ou quelques autres. On peut préparer cette compote de la même manière que celle d'abricots. On peut aussi la faire plus simplement, en mettant cuire une livre de prunes avec un verre d'eau et un quarteron de sucre; aussitôt qu'elles sont molles, on écume et on les dresse dans le compotier : si le sirop n'a pas assez de consistance, on le fait réduire avant de le laisser refroidir pour le verser sur les prunes.

Compote de verjus ou de raisins.

Faites avec quatre ou cinq onces de sucre et un

demi-verre d'eau un sirop fort; mettez dedans une livre de raisin muscat ou de verjus après en avoir ôté les pepins; laissez bouillir cinq minutes, écumez s'il est nécessaire, et dressez dans le compotier.

Compote de groseilles.

Dans un sirop semblable à celui de la compote de verjus, mettez une livre de groseilles lavées et égouttées, avec ou sans la grappe; faites bouillir quelques instans; ôtez du feu pour dresser vos groseilles, sur lesquelles vous versez votre sirop à moitié refroidi, après l'avoir fait épaissir.

Compote de groseilles vertes.

Elle se prépare de même que la précédente. On retire les pepins aux groseilles, et, avant de les cuire dans le sirop, on les met dans l'eau chaude jusqu'à ce qu'elles montent dessus, puis dans l'eau froide avec un peu de vinaigre pour qu'elles reverdissent.

Compote d'oranges.

Écorcez et ôtez tout le blanc à six belles oranges; séparez-les en quartiers et ôtez-en les pepins; faites-les blanchir, et aussitôt qu'elles sont attendries, jetez-les dans l'eau froide; faites cuire au petit lissé (page 37) une demi-livre de sucre; mettez dedans vos oranges; retirez après quelques bouillons, et aussitôt qu'elles sont refroidies, remettez-les bouillir encore un instant; après cela dressez-les dans un compotier; enfin faites cuire à la nappe (page 36) le sucre et le jus restant dans la bassine, et versez-le sur vos oranges.

Compote de marrons.

Faites blanchir dans l'eau bouillante un demi-cent de beaux marrons, jusqu'à ce qu'une épingle entre facilement dedans; pelez-les et les jetez dans de l'eau fraîche, dans laquelle vous aurez mis un jus de citron, ces marrons étant bien égouttés, jetez-les avec un autre jus de citron et deux ou trois cuillerées de fleur d'orange dans trois quarterons de sucre cuit au petit lissé (page 37); faites cuire doucement jusqu'à ce que le sirop soit épais; dressez alors dans le compotier en saupoudrant de sucre.

DES CONSERVES.

Les conserves sont des espèces de pâtes sèches faites avec des pulpes de fruits, ou avec des poudres de fleurs, des eaux distillées et des essences, et du sucre en proportion bien plus considérable que dans les préparations précédentes. Ce nom vient de la propriété de *conserver* aux substances unies au sucre toutes leurs qualités; mais ce n'est pas la préparation sur laquelle on doit le plus compter si on veut les conserver long-temps : les pâtes fermentent bientôt et se détériorent facilement. Pour les préparer, on mêle la pulpe ou la poudre au sucre clarifié et déjà très-cuit, et après une nouvelle cuisson on verse dans des moules plats, ou le plus souvent dans des caisses de papier, en couche de quelques lignes ou d'un demi-doigt d'épaisseur. Avant que la pâte soit refroidie, on trace à sa surface, avec une pointe de couteau ou autrement, des raies profondes à des distances plus ou moins grandes, et quand le refroidissement est complet on forme des tablettes en cassant la conserve dans ces raies. On fait aussi quelques conserves molles, qui n'ont qu'un peu plus de consistance que les marmelades.

Conserve au caramel.

Il suffit, pour préparer cette conserve, de faire cuire du sucre au degré du caramel (page 38), de le couler chaud dans des caisses de papier double, de le marquer comme il vient d'être dit pour toutes les conserves, et de le séparer en tablettes quand il est froid.

Conserve de fleurs d'orangers.

Épluchez une livre de fleurs d'oranger fraîches, et hachez-les avec un couteau en y pressant quelques gouttes de jus de citron ; faites fondre quatre livres de sucre fin dans une quantité d'eau suffisante, écumez-le et jetez-y votre fleur d'oranger; faites cuire le tout au petit cassé; remuez-le vivement avec une spatule, et retirez-le lorsque le mélange commence à boursouffler : versez-le dans de petites caisses de papier ou dans des moules. En continuant de faire cuire jusqu'à ce que le mélange prenne une couleur un peu brune, on obtient la conserve dite *brûlée*.

Un autre moyen de préparer la conserve de fleurs d'oranger consiste à verser sur une once de fleurs, mondées des calices, séchées et pulvérisées, une quantité suffisante d'eau de fleurs d'oranger pour en faire une pâte; de délayer cette pâte dans une livre de sucre cuit à la plume (page 37), et de faire ensuite cuire le tout au cassé.

Conserve de roses.

On la fait avec une once et demie de poudre de roses rouges, une quantité suffisante d'eau de roses et une livre de sucre, et on la prépare de même que la précédente.

On peut aussi prendre quatre onces de pétales de roses fraîches, les imbiber d'eau de roses, les presser, et dans cette eau, que l'on en ferait sortir, mettre cuire une livre de sucre à la plume (page 37). D'une autre part, on pile les feuilles de roses en pulpe que l'on fait passer au tamis de crin après les avoir délayées dans le sucre, et l'on fait cuire pour couler dans des papiers, etc.

Enfin la manière la plus simple de préparer la conserve de roses consiste à faire cuire convenablement le sucre dans une quantité suffisante d'eau de roses, et de colorer avec un peu de cochenille ou de carmin.

Conserve de fleurs de violette.

Prenez trois ou quatre onces de fleurs de violette mondées les plus odorantes, et pilez-les pour en exprimer le suc; faites clarifier et cuire au soufflé (page 37) une livre de sucre; laissez un peu refroidir, et ajoutez-y le suc de violette après en avoir avivé un peu la couleur par quelques gouttes de jus de citron. Achevez votre conserve comme les précédentes.

Conserve de cerises.

Mettez une livre de cerises sans noyaux et un quarteron de groseilles rouges égrenées dans une bassine, sur un feu doux, et faites-les réduire à six onces environ; pendant ce temps vous ferez fondre deux livres et un quart de sucre, et le mettrez au grand cassé (page 38); jetez-y votre fruit, et remuez jusqu'à ce que le mélange commence à boursouffler : versez alors votre conserve dans des caisses de papier.

Conserve de groseilles.

Prenez une livre de groseilles rouges égrenées ; mettez-les sur le feu, dans une bassine d'argent ou autre ; et après la réduction de moitié, pressez-les sur un tamis pour en extraire le jus, que vous remettez sur le feu ; faites-le dessécher en remuant sans discontinuer. Vous aurez eu soin de faire fondre une livre et demie de sucre, et de laisser cuire au grand cassé ; vous le verserez sur les groseilles, et remuerez de manière à empêcher qu'elles ne s'attachent à la bassine ; vous retirerez ensuite votre mélange du feu, et continuerez de le remuer avec une spatule jusqu'à ce qu'il boursouffle : votre conserve alors est bonne à verser dans les caisses ou les moules.

Conserve de fraises.

Écrasez avec une cuillère sur un tamis, et passez trois onces de fraises bien mûres ; mettez-en la pulpe dans huit à dix onces de sucre cuit au fort perlé (page 37), mais un peu refroidi hors du feu : remuez bien le mélange ; et, quand il commence à blanchir, versez en moules.

Conserve de citron.

Enlevez le zeste à un beau citron bien juteux ; exprimez-en le jus sur ce zeste, et laissez macérer quelques heures ; passez ensuite ce jus, et versez-le dans une demi-livre de sucre cuit comme pour la conserve de fraises : achevez de même.

Conserve de framboises

Prenez une demi-livre de framboises, et deux onces de groseilles ; écrasez et passez-les au tamis ; faites évaporer le jus sur le feu doux, jusqu'à ce qu'il soit réduit à moitié ; prenez trois quarterons de sucre que vous faites fondre et cuire à la plume ; remuez jusqu'à ce qu'il forme une glace à la superficie ; laissez-le un peu refroidir, et jetez dedans votre fruit ; incorporez bien le tout, et versez-le dans les caisses ou les moules.

Conserve d'abricots et de pêches.

Prenez quinze ou dix-huit abricots, suivant leur grosseur, qui ne soient pas tout-à-fait mûrs ; ôtez-en les noyaux et les peaux ; coupez-les par tranches, et faites-les cuire avec un peu d'eau, jusqu'à ce qu'ils soient réduits en une marmelade bien desséchée et épaisse ; vous prendrez une livre de sucre pour un quarteron de fruit, vous ferez cuire ce sucre à la plume un peu forte (page 37) ; quand il sera un peu refroidi, vous mettrez le fruit dedans, et l'y incorporerez bien en remuant avec une spatule ; dressez cette conserve en petites pâtes, ou versez-la dans les caisses ou moules.

Faites de même pour la conserve de pêches.

Conserve d'amandes douces.

Prenez un quarteron d'amandes douces; pilez-les après les avoir échaudées, pelées et rafraîchies; arrosez-les, en les pilant, d'un jus de citron; faites cuire une livre de sucre à la grande plume (page 37); retirez-le du feu, et, lorsqu'il commence à blanchir, mettez vos amandes dedans; mêlez bien le tout, et quand votre conserve commencera à prendre, versez-la dans les moules.

Conserve d'épine-vinette.

Prenez une livre d'épine-vinette qui soit bien mûre, et mêlez-la avec une demi-once de graines de fenouil en poudre; mettez le tout dans une bassine d'argent; ajoutez-y un verre d'eau, et faites prendre trois ou quatre bouillons à votre mélange; mettez-le ensuite sur un tamis, et pressez un peu pour exprimer le jus; remettez ce jus dans la bassine, que vous posez sur le feu, jetez-y deux livres de sucre cuit au cassé; donnez-lui quelques bouillons, et versez ensuite votre conserve dans les moules.

Conserve d'écorce d'orange.

Rapez trois ou quatre écorces d'orange sur un peu de sucre en poudre, et mêlez; incorporez ensuite dans une livre de sucre cuit à la plume (page 37), remuez sur le feu, et quand le sirop est épaissi, versez en moules.

On peut préparer de même les conserves des autres écorces odorantes, telles que bergamote, cédrat et citron.

Angélique confite.

Coupez en morceaux longs comme le doigt des tiges d'angélique bien tendres, et mettez-les dans l'eau sur le feu ; au premier bouillon, retirez le vase du feu et laissez infuser une demi-heure. Enlevez alors les filandres de dessus les côtes et la peau qui est en-dessous, et jetez dans une bassine à moitié pleine d'eau dans laquelle on met un peu de sel. Faites cuire à grand feu jusqu'à ce que votre angélique soit assez attendrie pour se laisser traverser aisément par une épingle; placez-la alors dans l'eau fraîche, et après qu'elle est égouttée, jetez-la dans le sucre cuit à la nappe et écumé, (page 36). Après quelques bouillons, laissez reposer dans du sucre jusqu'au lendemain. Alors retirez l'angélique pour la remettre dans le sucre dès qu'il est bouillant. Il faut qu'elle y fasse encore quelques bouillons et qu'elle y infuse de nouveau jusqu'au lendemain. Le troisième jour on fait la même opération, mais cette fois le sucre doit cuire jusqu'au degré qui approche le plus du caramel (page 38) ; on le jette sur l'angélique, et le lendemain on l'en retire pour la mettre sur des clayons sécher au soleil, ou dans un four une heure après la sortie du pain. On doit la retourner plusieurs fois, et quand elle est sèche la mettre en boîtes dans du papier.

Fleurs d'oranger pralinées.

Jetez dans de l'eau fraîche des pétales bien débarrassés des autres parties de la fleur et séparés. Après les avoir égouttés, faites-leur faire quelques bouillons dans une quantité suffisante, pour les couvrir, de sucre cuit en sirop et clarifié (p. 35); mettez le tout sur un tamis, et quand le sirop est passé jetez la fleur dans du sucre en poudre bien fin, dans lequel vous la frottez avec les mains pour la sécher et la bien couvrir de ce sucre. Il faut ensuite la mettre dans un tamis peu serré pour la débarrasser de la poudre qui n'y adhérerait pas, et la faire ensuite sécher sur du papier, à l'étuve, ou dans un four dont on vient de tirer le pain. Renfermez ensuite dans un bocal bien bouché.

CERISES ET GROSEILLES PERLÉES, OU EN CHEMISE.

Prenez de belles cerises ou de belles groseilles blanches; coupez la moitié de la queue aux cerises et choisissez les plus belles grappes de groseilles; trempez-les dans une eau chargée d'un peu de gomme, ou de blanc d'œuf, ou de sirop de sucre, et avant de les laisser égoutter, roulez-les dans du sucre en poudre très-fine. Arrangez-les ensuite sur du papier blanc sans qu'elles se touchent, et mettez-les sécher au soleil, au four ou à l'étuve. Le sucre se cristallise autour, de manière à en former de fort jolies boules, dont le goût est d'ailleurs très-agréable. Ces fruits se mangent de suite.

PATES.

Les pâtes sont des préparations qui conservent peu d'humidité, et qui doivent leur flexibilité à la gomme ou à la pulpe des fruits que l'on y fait entrer. Si l'on veut obtenir des pâtes bien transparentes avec les fruits, au lieu d'en prendre la pulpe, on se sert de leur jus clarifié; on y joint la moitié en poids de gomme arabique que l'on a fait fondre dans l'eau et passée, et l'on emploie la même quantité de sucre qu'avec les pulpes, en procédant de même.

Toutes les pâtes se mettent sécher à l'étuve ou au four, dans des moules, sur du papier ou dans des vases portatifs ; on les retire après un jour ou plus, selon le degré de chaleur. On les saupoudre de sucre, on les retourne et on les conserve dans un endroit sec, en les plaçant par lits séparés d'une feuille de papier.

Pâte d'abricots.

Faites cuire des abricots bien mûrs dans une

bassine, comme pour une marmelade (page 75) ; un peu avant la parfaite cuisson, passez à travers un tamis ou un linge, mais sans exprimer fortement, afin que la partie la plus épaisse de la chair ne passe pas. Remettez ce jus dans la bassine avec le poids égal de sucre en poudre, et faites cuire en remuant jusqu'à ce que le sucre soit bien fondu et que la pâte soit épaissie. Mettez alors en couches minces et unies à la surface, sur des assiettes ou des feuilles de papier saupoudrées de sucre fin. Enfin placez-les à l'étuve ou au four, jusqu'à ce que la pâte soit desséchée.

Pâtes de prunes de reine-claude, de mirabelle, de pêches, de cerises, de framboises et de coings.

Nous ne ferons qu'indiquer toutes ces pâtes : elles se préparent toutes comme celle d'abricots et avec la même dose de sucre.

Pâte de pommes.

Préparez du jus de pommes comme pour faire la gelée (page 70). Mettez-le dans une bassine avec partie égale de sucre ; faites cuire et dessécher au four de même que la pâte d'abricots.

Pâte de verjus.

Faites crever sur le feu des grains de verjus presque mûrs. Ajoutez-y par livre deux ou trois pommes pelées et coupées en morceaux. Aussitôt que le tout est fondu, passez au tamis, mettez la pulpe sur le feu, et, quand elle est diminuée de moitié, pesez et versez sur autant de sucre cuit au fort soufflé (p. 37). Faites cuire alors comme la pâte d'abricots et terminez de même.

On peut faire par les mêmes procédés et aux mêmes proportions la pâte d'épine-vinette.

Pâte de guimauve.

Faites bouillir dans une peinte d'eau deux onces de racines de guimauve récentes et trois ou quatre pommes de reinette coupées par tranches. Après un quart d'heure passez la décoction et faites-y fondre, sur un feu doux, une livre de gomme arabique concassée, que l'on a soin de remuer avec une spatule de bois pour qu'elle ne brûle pas. Dès que la gomme est fondue, passez le liquide dans un linge mouillé, remettez-le au feu avec une livre de sucre, et continuez de remuer; faites épaissir jusqu'à la consistance d'un miel épais. Fouettez alors, avec un ballet d'osier, six blancs d'œufs dans deux onces d'eau de fleurs d'oranger, et aussitôt qu'ils sont en mousse comme pour faire un biscuit, ajoutez-les par petites portions au mélange, après avoir retiré la bassine du feu, et en agitant vivement pour bien incorporer le tout. Quand le mélange est complet on remet sur un feu doux, l'on remue toujours, surtout au fond de la bassine, et l'on fait évaporer jusqu'à ce que la masse frappée avec la main n'y adhère plus. Il ne reste alors qu'à verser la pâte de manière à en former une couche d'un doigt d'épaisseur sur une pierre ou un marbre saupoudré de farine ou d'amidon. Le lendemain on la coupe en morceaux pour la conserver.

GLACES.

Les glaces se préparent avec des sucs de fruits mêlés à plus ou moins de sucre et congelés, ou avec des infusions ou décoctions de substances odorantes et d'une saveur agréable, toujours unies au sucre, souvent à de la crème, et également congelées.

Pour faire des glaces, il faut avoir, entre autres ustensiles, des seaux garnis d'un robinet, ou cuves profondes, pour recevoir la glace, une sorbetière ou salbotière d'étain ou de fer-blanc, une houlette en fer-blanc ou une cuillère de bois à long manche, dont le cuilleron est coupé en travers pour la rendre coupante.

Les sorbetières d'étain sont préférables à celles de fer-blanc, en ce que la crème qu'on y met y gelant bien moins vite, la glace en devient beaucoup plus douce, plus agréable et plus moelleuse que dans celles en fer-blanc, par la facilité qu'elles laissent d'y remuer plus long-temps la composition.

On commence par mélanger une quantité de glace proportionnée à ce que l'on veut préparer, avec un poids égal de sel commun, ou de salpêtre commun ou sel de nitre. Plus la proportion du sel est forte, et plus les glaces sont promptement prises, parce que le froid produit est plus grand. La glace étant pilée et mêlée au sel, mettez le tout dans le seau à glacer. Il doit être étroit et avoir plus de profondeur que la salbotière, laquelle doit être environnée de tous côtés par la glace, qui n'occupe autour d'elle qu'une épaisseur d'un pouce et demi à deux pouces. Versez votre crème préparée pour glacer dans votre sorbetière fermée de son couvercle, et mettez-la dans le seau rempli de glace; laissez-la reposer pendant un quart d'heure; ouvrez alors la boîte sans la retirer du seau, et détachez avec la spatule ou la houlette la portion qui se condense sur les parois; ramenez-la au centre, et remuez dix ou douze minutes pour bien mêler cette partie glacée de votre crème avec la partie liquide. Cela étant fait, fermez la sorbetière; prenez-la par l'anse, tournez-la dans la glace, et cela sans discontinuité pendant un quart d'heure, pour éviter qu'il ne se forme des glaçons isolés, le mérite de la glace étant de se glacer uniformément. Pour la seconde fois, ouvrez la boite; repoussez, comme vous avez fait la première, la glace des parois, et incorporez-la bien avec la partie liquide, de sorte que la crème soit parfaitement égale et ne présente plus de glaçons; refermez la boîte, et continuez de tourner et de remuer alternativement jusqu'à ce que votre crème soit assez ferme et assez compacte. Il faut avoir soin, pendant cette opération, de faire écouler de temps en temps, par le petit robinet, l'eau qui se sera amassée au fond du seau, et de regarnir le seau avec une quantité de sel et de glace pilée égale à celle qui peut s'être écoulée; rapprochez sans cesse la glace autour de la sorbetière. Quand vos glaces seront prises, dressez-les promptement dans des verres pour les servir; si vous ne voulez pas les servir dans le moment, il faudra les laisser à la glace, et les travailler encore au moment où vous voudrez les retirer : travailler, c'est remuer avec la spatule jusqu'à ce qu'il ne reste plus de grumeaux ou de glaçons. Si vous voulez donner à votre glace la forme d'un fromage ou d'un fruit, mettez-la dans les moules de fer-blanc, que vous fermerez de leur couvercle, et que vous mettrez dans de la glace pilée. Si vous voulez servir votre fromage à la crème, trempez la forme dans de l'eau chaude; retirez-la promptement, de crainte que la glace ne se fonde; essuyez cette forme avec un linge; ouvrez-la et renversez-la sur une assiette pour y laisser la glace, et servez-la promptement. Ce procédé est le même pour toutes sortes de glaces : c'est pourquoi nous ne ferons connaître que celles qui sont le plus en usage ; mais on pourra en préparer d'autres de la même manière.

Glaces à la vanille.

Prenez deux pintes de bonne crème douce, mettez-la au feu, faites-la bouillir ; pendant ce temps, prenez douze œufs, fouettez-en les blancs dans une poêle à confitures avec un petit balai d'osier ; étant en consistance de neige très-compacte, versez-y huit jaunes d'œufs et une livre de beau sucre en poudre très-fine ; remuez bien le tout ensemble avec le balai d'osier, et versez-y peu à peu votre crème bouillante ; fouettez bien votre mélange ; en le mettant sur le feu, versez-y une demi-once de vanille concassée grossièrement dans un mortier de marbre avec un peu de sucre ; faites prendre à votre mélange trois ou quatre bouillons, passez-le ensuite au tamis ; remuez-le un peu pour l'aider à passer ; étant refroidi, mettez-le dans la salbotière ou sorbetière, que vous mettez ensuite dans le seau rempli de glace, dans lequel vous la glacerez comme nous venons de l'indiquer.

Glaces au verjus.

Prenez quatre livres de verjus, égrenez-le et broyez-le dans le mortier ; mouillez-le avec deux pintes d'eau, et passez-le ensuite à travers un linge que vous tordrez et presserez le plus que vous pourrez; mettez-y deux livres de sucre, et remuez jusqu'à ce qu'il soit entièrement fondu; versez ensuite le mélange dans la sorbetière, et faites-le glacer.

Glaces aux framboises.

Prenez de belles framboises; écrasez-les dans une terrine, et passez-les à un tamis de crin serré; prenez une livre et demie de sucre pour une égale quantité de suc de framboises; faites-le clarifier avec une pinte et demie d'eau dans une poêle à confitures; ajoutez-y votre suc. Si votre liqueur n'était pas assez colorée, ajoutez-y une racine d'orcanette, que vous y laissez jusqu'à ce qu'elle soit au point de couleur que vous désirez; passez-la ensuite au tamis; mettez-la dans la sorbetière, et glacez comme il a été indiqué.

Glaces aux fraises.

On les prépare absolument de la même manière que celles de framboises. On peut mettre un peu moins de sucre.

Glaces à la groseille.

On prend le suc de deux livres de groseilles et de demi-livre ou trois quarterons de cerises, en les passant avec la pulpe dans un tamis. Si ce suc paraît trop épais, on ajoute un verre d'eau, et l'on mêle avec une livre et demie ou deux livres de sucre clarifié. Il ne reste plus qu'à glacer.

On fait de même la glace à la cerise, mais sans groseilles.

Glaces aux pistaches.

Pour une pinte et demie de crème double, prenez une livre de pistaches; mondez-les, et mettez-les à mesure dans l'eau fraîche; égouttez-les et séchez-les dans une serviette; mettez-les dans un mortier, et pilez-les en y ajoutant de temps en temps un peu de crème et la râpure d'un citron. Vos pistaches étant bien pilées, mettez-les dans une poêle avec dix jaunes d'œufs bien frais et trois quarterons de sucre en poudre; incorporez bien le tout ensemble. Votre mélange étant bien fait, mouillez peu à peu avec votre pinte et demie de crème; mettez-la cuire doucement, et remuez-la, sans la quitter, jusqu'à ce que vous la voyiez s'épaissir, et surtout prenez garde qu'elle ne bouille, ce qui ferait tourner les œufs; étant à ce point, vous y ajouterez un peu de décoction forte d'épinards pour donner à vos glaces une belle couleur verte; passez-les dans une étamine, et, quand elles seront froides, vous les glacerez.

Glaces à l'orange.

Prenez douze belles oranges, ôtez-en l'écorce;

séparez-les en quartiers, et pilez-les dans un mortier de marbre avec la râpure de deux écorces d'orange : passez-les dans un linge en les pressant le plus possible ; quand vous en aurez extrait le jus, vous le mêlerez avec une demi-livre de sucre que vous aurez fait fondre dans une chopine d'eau et clarifier ; mettez ce mélange dans une sorbetière, et glacez.

Glaces au citron.

On les prépare comme celles à l'orange ; seulement il faut employer plus de sucre pour le même nombre de citrons, dont le suc est plus acide.

Glaces à l'amande.

Pelez et pilez dans un mortier une demi-livre d'amandes douces et un quarteron d'amères, en y ajoutant quelques gouttes d'eau et un morceau de sucre : quand elles sont pilées, ajoutez deux onces d'eau de fleur d'orange et un demi-setier de lait ; ensuite passez dans un linge en pressant fortement. D'un autre côté, faites chauffer un demi-setier de lait et autant de crème ; ajoutez-y le lait d'amande, et après un seul bouillon, laissez refroidir pour glacer au besoin.

Glaces à la fleur d'orange.

Prenez une demi-livre de fleurs d'orange bien épluchées, mettez-les dans un vase, et versez dessus une livre et demie de sucre que vous aurez fait fondre dans une chopine et demie d'eau ; fermez votre vase, et laissez infuser ce mélange pendant cinq heures ; vous le passerez après ce temps au tamis de soie, et y ajouterez deux cuillerées de suc de citron ; vous le mettrez ensuite dans la sorbetière, et le ferez glacer comme les autres.

Glaces à l'abricot.

Otez les noyaux à trente abricots de plein-vent bien mûrs ; mettez-les faire quelques bouillons dans une chopine d'eau ; versez le tout sur un tamis au-dessus d'une terrine, dans laquelle vous faites passer la pulpe, en les écrasant avec une spatule ou une cuillère. Vous pouvez ajouter, pour passer de même dans le tamis, le suc d'un citron et une douzaine d'amandes d'abricots pilées dans quelques cuillerées d'eau : ajoutez dans la terrine huit à dix onces de sucre clarifié, et ensuite vous pourrez glacer le mélange.

Glaces à la pêche.

On les fait de la même manière ; seulement si les pêches sont bien mûres et fondantes, on peut se dispenser de les cuire pour les passer à travers le tamis. On doit mettre le double de sucre pour le même nombre de belles pêches.

Glaces à la rose.

Faites infuser à vaisseau fermé deux ou trois poignées de fleurs de roses bien fraîches et épluchées, dans une peinte de crème bouillante; quand l'infusion est froide, passez dans un tamis et délayez-y huit jaunes d'œufs bien frais avec une demi-livre de sucre en poudre; mettez sur le feu et remuez, sans quitter, jusqu'à ce que la crème s'épaississe, mais sans la laisser bouillir, parce que les œufs tourneraient; passez dans un tamis, et quand elle est refroidie on pourra la mettre en glace.

SORBETS.

On donne le nom de sorbets aux liqueurs destinées à être converties en liquides glacés. Ces liqueurs se composent avec de la crème douce dans laquelle on fait entrer des amandes douces ou amères, des pistaches, du thé, du café, du chocolat, de la vanille, etc., etc.; le tout mêlé avec plus ou moins grande quantité de sucre. On fait aussi des sorbets avec le suc des fruits acides dans lesquels on a fait fondre une quantité quelconque de sucre.

Sorbet au citron.

Prenez une livre et demie de bon sucre et faites-le fondre dans une peinte d'eau bien claire: prenez neuf beaux citrons ; essuyez-les, et coupez-les transversalement en deux parties ; pressez-les fortement pour en exprimer le jus ; plongez-les dans l'eau sucrée, et pressez-les en tous sens pour en faire sortir tout le suc et l'huile essentielle qui se trouve dans l'écorce ; mêlez l'eau sucrée et le jus des citrons, et passez ensuite le tout à un tamis de crin serré ; mettez votre liqueur dans la sorbetière et glacez-la.

Sorbet à l'orange.

Prenez neuf à dix belles oranges et deux citrons de la plus belle qualité, essuyez-les avec une serviette ; râpez les écorces d'oranges les plus odorantes et qui ont le moins d'amertume ; coupez ensuite en deux vos oranges et vos citrons ; pressez-les fortement pour en exprimer le jus : faites fondre une livre et demie de sucre dans une pinte d'eau ; mêlez ensuite le jus que vous avez retiré de vos oranges avec cette eau sucrée ; passez le liquide au travers d'un tamis de crin serré, et ensuite versez le liquide dans la sorbetière et glacez.

Sorbet à la crème blanche

Prenez les jaunes de six œufs frais, délayez-les dans deux pintes de crème ; jetez-y une cuillerée à bouche d'eau de fleurs d'oranges ; mettez votre crème sur le feu, donnez-lui un bouillon couvert, et passez-la au tamis ; faites fondre dedans trois quarterons de beau sucre, et versez ensuite votre crème, ainsi préparée et entièrement refroidie, dans une sorbetière de fer-blanc, et glacez-la. Quand votre liqueur est convertie en neige légère, agitez-la fortement et long-temps avec la houlette. Votre glace étant entièrement fondue, enlevez la sorbetière ; agitez l'eau salée avec une longue spatule de bois, et assez fortement pour détacher et incorporer avec les molécules de glace le sel qui s'est précipité au fond du seau ; ce qui augmente en proportion le degré de froid un quart d'heure de plus, replacez-y ensuite la sorbetière ; tournez-la comme il a été expliqué, et agitez encore le liquide avec la houlette ; tirez alors toute l'eau salée par la bonde, et regarnissez le seau avec les mêmes quantités de sel et de glace pilée. Si vous ne voulez pas accélérer l'opération, ne tournez plus la sorbetière ; mais agitez fortement et long-temps le liquide qu'elle contient, avec la houlette, ce travail servant à augmenter l'onctuosité des glaces ; et c'est alors que le sorbet doit être servi.

Sorbet à la fraise.

Prenez de belles fraises que vous émondez de leurs queues, et écrasez-les dans un mortier ; mettez une pinte d'eau pour quatorze onces de jus ; versez votre liquide dans un vase, et ajoutez-y une grande cuillerée à café d'esprit acide de citron avec autant d'eau de fleurs d'orange, et laissez infuser le tout pendant deux ou trois heures. Prenez dix-huit onces de beau sucre que vous mettrez dans un vase; recouvrez-le d'un gros linge, passez dessus le liquide, et exprimez-en bien le marc; lorsque votre sucre est totalement fondu, filtrez la liqueur à la chausse jusqu'à ce qu'elle soit bien limpide; mettez-la dans la sorbetière et glacez.

MANIÈRE DE FAIRE UNE GLACIÈRE.

Le terrain propre à l'établissement d'une glacière doit être sec, non exposé aux inondations, ferme et compacte. On la place ordinairement dans quelque endroit écarté, dans un bois, dans un bosquet ou dans un champ peu éloigné de la maison; mais il sera convenable de l'abriter contre les rayons trop ardens du soleil, par des arbres de haute futaie. Ces grands arbres, par l'ombre et la fraîcheur qu'ils répandent, sont favorables aux glacières, leurs racines maintiennent la terre et en absorbent l'humidité, le vent qui s'agite entre leurs branches assainit l'air et le renouvelle.

La figure principale 1, représente en plan et en coupe d'élévation la manière de construction la plus avantageuse pour une glacière. On pourra augmenter ou diminuer ses proportions selon le besoin, c'est-à-dire suivant la quantité de neige ou de glace qu'on voudra conserver. Le toit en chaume est percé au sommet d'un trou de six pouces carrés servant de ventilateur pour renouveler l'air de l'espace vide compris entre la charpente et la paille qui sert de couverture à la cage. Ce trou est surmonté, ainsi qu'on peut le voir dans l'élévation, d'un chapeau supporté par quatre piquets : il doit déborder l'orifice du trou, afin que les eaux pluviales ne puissent s'y introduire, quelle que soit la direction qui leur sera donnée par les vents. H, est un petit couloir ou vestibule, fermé extérieurement par une porte bien close, et séparé de la glacière proprement dite par une seconde porte fermant à deux battans. L'on ne doit jamais l'ouvrir avant d'avoir fermé sur soi la porte extérieure. Cette allée doit regarder le nord, être longue de huit à neuf pieds sur deux à deux et demi de largeur. II, sont les murs de clôture de la glacière soutenant les terres environnantes. Ces murs se font de moellons bien enduits d'un mortier hydrofuge quelconque; leur épaisseur est déterminée par la grandeur de la construction. C, est une cage en bois portée sur huit pieds, et formée de petites planches transversales. Elle peut avoir dix pieds de hauteur sur autant de diamètre, ce qui lui donne une capacité d'environ huit cents pieds cubes : c'est dans l'intérieur de cette cage que l'on déposera la glace. Entre les murs et cette cage est un espace vide D, de deux pieds, rempli de paille bien foulée ; cette paille isole la glace, du calorique qui pourrait être communiqué par les corps environnans. La cage C est recouverte d'un entonnoir renversé, construit en planches mal jointes, et recouverte d'un lit de paille de deux pieds d'épaisseur ; sur le côté F, vis-à-vis l'allée H. est une porte toujours couverte d'épais paillassons, par laquelle on s'introduit dans la glacière pour y déposer la glace ou pour en retirer. Au-dessous de la glacière est un puisard J, par lequel s'écoulent les eaux provenant de la fonte des glaces qui s'échappent à travers le châssis de charpente. On fera bien de sabler le fond du puisard. Les lettres italiques du plan indiquent les mêmes parties que les capitales dans l'élévation.

La glacière et le vestibule H seront couverts en chaume ; on entretiendra cette couverture en bon état ; on amassera tout au tour du bâtiment la terre, dont on fera un talus foulé et battu ; on creusera un conduit autour de ce talus servant à éloigner les eaux. Le terrain du vestibule sera un peu élevé au-dessus du sol.

On peut, si l'on ne regarde pas à la dépense, recouvrir cette glacière en pierre ; on met pardessus la maçonnerie un lit de glaise bien corroyée, de quinze à dix-huit pouces d'épaisseur, et ensuite un lit de terre végétale de la plus grande épaisseur possible ; on peut alors planter sur la partie supérieure, des arbustes à racines déliées qui assurent à l'air intérieur de la glacière une température toujours également fraîche. Dans tous les cas, on laissera un *évent* ou *ventilateur* pour que l'humidité puisse s'évaporer, *sécheresse* et *fraîcheur* étant les qualités que le constructeur de glacières doit toujours avoir pour but d'obtenir. Si le terrain était humide, il faudrait élever la glacière au niveau du terrain, sauf à l'environner ensuite d'une butte artificielle en terrain rapporté.

Lorsqu'il s'agit de remplir la glacière, on choisit un jour où l'air est sec et froid, on met un lit de paille sur la charpente du fond, et on remplit la caisse de glace, ou, à défaut, de neige battue et foulée, on fait en sorte en mettant la glace, de ne laisser aucun vide entre les morceaux, parce que moins il y a d'air entre eux, mieux la glace se conserve, peut-être pourrait-on mêler la glace et la neige de manière à faire une masse compacte. Si l'on n'a que de la glace, on en brise une partie par petits morceaux pour remplir les interstices, et on y jette un peu d'eau pour lier le tout, en sorte qu'il ne forme plus qu'une masse qu'on est ensuite obligé de briser pour en extraire des morceaux. Pour ramasser la neige, on choisira également un temps sec et froid, et on prendra de préférence celle qui forme un tapis blanc sur les prés et sur les gazons, elle sera plus propre et moins mélangée de terre ou de pierre. Si elle était tellement dure et pulvérulente qu'il ne fût point possible de la tasser, on y jetterait un peu d'eau qui, en la ramollissant donnerait la facilité de la comprimer, et qui, en se congelant ensuite, assurerait sa conservation.

Le soupirail ou ventilateur est un perfectionnement ajouté en Amérique aux glacières; il produit un bon effet; mais il y a en France une infinité de glacières absolument closes, où la glace se conserve bien. Le ventilateur doit être établi dans les cas où l'on peut craindre que la glacière ne devienne humide par suite de la nature du sol.

PETITE GLACIÈRE DOMESTIQUE.

Celle-ci peut être établie dans un coin de cave ou d'un cellier frais, et d'une manière très-peu coûteuse. La voici : défoncez par un bout un tonneau de 600 pintes et cerclé en fer; percez l'autre fond d'un trou au milieu, enfoncez les trois quarts de ce tonneau dans la terre ; mettez ensuite au fond une couche épaisse de six à huit pouces de poussière charbon de bois bien tassé. Posez bien solidement sur cette couche de charbon une portion de tonneau moitié moins haute que le premier, percée aussi d'un trou au fond, et dont la largeur soit telle qu'il reste autour un intervalle de six à huit pouces que l'on emplit de charbon. Les trous des deux tonneaux doivent donner passage à un tuyau qui servira à écouler la partie fondue de la glace ou de la neige. Il ne reste plus qu'à remplir à moitié ce petit tonneau de glace pilée ou de neige bien foulée ; ensuite on le ferme le plus exactement possible, au moyen d'un couvercle de bois muni en dessus d'une poignée pour le lever au besoin, et en dessous de crochets auxquels on suspend les bouteilles ou autres vases contenant les objets que l'on veut faire rafraîchir. Le couvercle ainsi placé, on le recouvre d'un ou plusieurs sacs pleins de poussier de charbon, mais disposés de manière à emplir complètement tout le vide qui reste jusqu'au bord du grand tonneau, que l'on doit encore recouvrir à sa surface d'un couvercle en bois ; enfin l'on prend toutes les précautions possibles pour empêcher que l'air n'atteigne le tonneau intérieur. Après une demi-heure, les liquides qui y sont placés peuvent être retirés rafraîchis : mais il faut avoir soin d'ouvrir et de fermer cette glacière avec promptitude et précaution, pour que l'air et la chaleur n'y pénètrent pas.

Ce procédé est basé sur le principe que le charbon étant le plus mauvais conducteur de la chaleur, les corps qui en sont complètement entourés conservent très-long-temps leur température. On pourra donc le modifier avantageusement, si l'on parvient à isoler plus complètement encore de toute chaleur de l'atmosphère, de la glace ou de la neige au moyen du charbon.

Fontaine propre à conserver la glace pendant quarante-huit heures.

Cette fontaine est construite, d'après le principe émis ci-dessus, de l'isolement de la glace au moyen du charbon pilé. Nous nous bornerons à la décrire en suivant la figure que nous en donnons.

Fig. 2e. Vue en perspective de la fontaine et de son couvercle. *a*, Le corps de la fontaine, fait avec une forte cerce de boissellerie, peint à l'huile à l'extérieur; *b*, vase en grès ou en faïence entrant dans l'enveloppe *a*, et dont le diamètre doit être de quatre ou six pouces plus petit, afin qu'il règne entre eux deux un espace de deux à trois pouces qui sera rempli de charbon pilé fin, et tassé le plus possible : cette couche de charbon est marquée M.

Fig. 3e. Coupe de la fontaine. *c*, Seau de fer-blanc ou plomb, d'un diamètre de deux à trois pouces moins grand que celui du vase en grès *b* ; *d*, bouteilles mises à rafraîchir ; *e*, glace concassée ; *f*, eau propre pour les carafes, se rafraîchissant en même temps que le liquide contenu dans les bouteilles *d*, et s'écoulant par la cannelle *g* ; *h*, bourrelet de drap ou de toute autre étoffe moelleuse, posé tout autour du couvercle, appuyant sur les rebords du vase *b*, et destiné à opérer une fermeture plus hermétique.

Les joints, par lesquels le charbon pilé pourrait s'échapper, seront enduits d'un mastic appliqué à chaud, composé de résine, de brique pilée et tamisée, et de poix de Bourgogne.

On peut poser sur l'orifice du seau *c* un vase où on placera tel objet que l'on voudra faire rafraîchir.

Il sera facile de construire tel autre appareil, rond ou carré, dont l'épaisseur sera remplie de charbon, pour placer les comestibles dont on voudra faire dégager la chaleur.

TROISIÈME PARTIE.

DES PRÉPARATIONS DES FRUITS PAR L'EAU-DE-VIE, LE VIN, etc.

Ces préparations sont de deux sortes : les unes se font en distillant l'eau-de-vie avec les fruits pour en extraire les parties les plus volatiles ; on obtient par ce moyen les liqueurs fines, les huiles aromatiques qui sont préparées par le distillateur. Il existe des traités particuliers sur cet objet, et nous ne nous en occuperons pas. Nous ne parlerons que des préparations de fruits par l'eau-de-vie, que l'on peut faire dans tous les ménages au moyen de la simple infusion ou de la fermentation. Si les résultats que l'on en obtient n'ont pas toute la perfection de ceux qui sortent de l'alambic, en revanche ils sont beaucoup moins coûteux et plus aisés à se procurer. Il est d'ailleurs des infusions qui conservent mieux les qualités des fruits que la distillation ne pourrait le faire.

La première condition, pour bien réussir dans ces préparations, est d'employer de bonne eau-de-vie. On peut être sûr de n'obtenir que des résultats médiocres ou mauvais si l'on se sert d'eau-de-vie qui sente le feu ou le tonneau, c'est-à-dire qui ait une odeur de brûlé ou de bois. La meilleure est celle de Cognac et des Deux-Charentes. On peut aussi se servir de l'eau-de-vie de Montpellier; mais celles de grains et de fécule de pommes-de-terre n'ont point encore été préparées avec assez de perfection pour servir à faire de bons fruits à l'eau-de-vie ou de bons ratafias; cependant on s'en sert quelquefois, parce que la saveur et l'odeur des fruits qu'on y mêle corrigent celles que ces eaux-de-vie peuvent avoir conservées.

En général, on ne doit se servir, pour les préparations qui vont suivre, que d'eau-de-vie forte. Il en est même, comme on le verra, qui doivent être faites avec de l'esprit. Il est rare que l'on ait besoin d'employer de l'eau-de-vie plus faible que vingt-un ou vingt-deux degrés. Presque toujours il y aura de l'avantage à se servir d'eau-de-vie blanche ou sans couleur, comme lorsqu'elle sort de l'alambic : il en résultera toujours des ratafias plus beaux, et qui conserveront bien mieux la couleur des fruits. Ce n'est que sous ce rapport que l'eau-de-vie blanche est préférable; car aucun des moyens que l'on emploie dans le commerce pour la colorer ne peut être nuisible, comme nous allons le montrer en les faisant connaître succinctement : ce sera une occasion d'indiquer les préparations que l'on peut faire subir à l'eau-de-vie pour la rendre plus agréable.

Lorsque l'eau-de-vie sortant de l'alambic est mise en tonneau, elle y reste sans couleur pendant long-temps ; cependant, en vieillissant, elle se charge des principes du bois et se colore plus ou moins ; c'est d'abord pour lui donner l'apparence de la vieillesse qu'on a coutume de la colorer dans le commerce : mais on a remarqué aussi que l'eau-de-vie récemment distillée avait une saveur âpre qu'elle perdait avec le temps. Dès lors on a dû chercher pour la colorer des moyens qui en même temps lui fissent perdre sa saveur désagréable. On emploie du caramel, de la mélasse ou le sucre ; mais avec celui-ci il faut ajouter une infusion de thé ou de feuilles de capillaire, parce que le sucre seul laisserait l'eau-de-vie sans couleur. Toutes ces substances adoucissent l'eau-de-vie, lui donnent une saveur plus agréable et la font paraître *vieille*. Un moyen que l'on emploie avec succès dans quelques villes du Midi pour lui donner cette apparence, consiste à y ajouter quelques gouttes de rum avec du sucre. Nous n'indiquerons point les doses de toutes ces matières, parce que le goût seul doit en régler la proportion ; seulement nous dirons que la saveur que l'on ajoute pour corriger celle de l'eau-de-vie ne doit pas dominer de manière à ce qu'on la découvre. Il faut que l'eau-de-vie perde sa saveur dure ; mais il ne faut pas qu'elle sente le caramel, ni le thé, ni le rum, si on y a ajouté une de ces substances. Au surplus, les chimistes ont indiqué un meilleur moyen de *faire* de l'eau-de-vie *vieille* ; mais il est peu connu et peu employé : il consiste à y verser quelques gouttes d'alcali volatil par pinte. Comme la saveur que l'on veut détruire est due à la présence de l'acide acétique ou vinaigre, l'alcali se combine avec l'acide, et l'eau-de-vie se trouve adoucie sur-le-champ : il ne reste plus qu'à la filtrer et à la colorer.

Nous terminerons par une remarque qui sera appréciée des gourmets d'eau-de-vie, quand ils en auront fait usage. L'eau-de-vie que l'on sert sur les tables, à moins que ce ne soit d'excellente eau-de-vie de Cognac très-vieille, ne porte pas vingt-deux degrés : on la boit ordinairement de dix-huit à vingt au plus. Cependant, comme on l'achète le plus souvent à vingt-deux degrés, nous allons indiquer le meilleur procédé pour la couper sans lui faire perdre de ses qualités, et plutôt en l'améliorant.

Presque toujours l'eau-de-vie du commerce est colorée avec du caramel ; on n'a point par conséquent à lui donner de couleur ; mais comme elle en perdrait en ajoutant de l'eau pure pour la couper, nous conseillons de se servir, pour en affaiblir le degré, d'une infusion légère de thé ou de feuilles de capillaire. Il résulte d'ailleurs de ce mélange une saveur bien plus douce et plus agréable. Il sera facile avec un pèse-liqueur de l'amener au degré que l'on désirera ; mais, pour les personnes qui voudraient affaiblir leur eau-de-vie sans tâtonnement, nous indiquerons les proportions suivantes sur lesquelles on peut compter.

Pour cent litres d'eau-de-vie à vingt-deux degrés, ajoutez cinq litres et un tiers de litre d'infusion, et votre eau-de-vie aura vingt-un degrés; metten-en douze litres et demi pour l'amener à vingt degrés, dix-huit litres et trois quarts pour l'amener à dix-neuf degrés, et vingt-sept trois quarts pour la descendre à dix-huit degrés : au-dessous de ce degré elle n'aurait plus assez de force.

DES FRUITS A L'EAU-DE-VIE.

Tous les fruits sont susceptibles de se conserver en les mettant dans l'eau-de-vie ; cependant, comme ce n'est pas seulement leur conservation que l'on a en vue dans cette préparation, et que l'on désire leur donner la saveur la plus agréable possible, on ajoute toujours du sucre ; on en fait blanchir le plus grand nombre dans l'eau bouillante, on achève même de les amollir en les faisant bouillir dans le sucre préparé en sirop, enfin on y ajoute plus ou moins d'aromates agréables. Nous ne ferons la description que des procédés les plus simples et les plus aisés, et pour les fruits qui sont le plus communément mis à l'eau-de-vie; mais, par analogie, on pourra préparer de même tous les autres fruits sans exception.

Cerises à l'eau-de-vie.

Choisissez de belles cerises, bien saines, bien entières, et dont la maturité soit peu avancée; coupez-leur la moitié de la queue et mettez-les dans un bocal sans les flétrir; mettez au milieu un petit sachet de linge contenant un morceau de cannelle et une forte pincée de coriandre; ajoutez en même temps du sucre clarifié comme il est dit page 35, à raison d'un quarteron par livre de fruit; enfin remplissez le bocal de bonne eau-de-vie jusqu'au point de recouvrir vos cerises; fermez ensuite le mieux possible avec un bouchon de liége et du parchemin ficelé, puis laissez reposer pendant deux mois. Il y a peu d'avantage à laisser le bocal au soleil. Après ce temps on peut manger les cerises. Si elles sont assez aromatisées, on ôte le sachet.

On peut obtenir un ratafiat d'un goût plus agréable en mêlant au suc exprimé de quatre livres de cerises précoces et d'une demi-livre de framboises quatre pintes d'eau-de-vie et une livre de sucre clarifié. On ajoute un sachet contenant des aromates, comme il vient d'être dit, et on laisse reposer le tout jusqu'au moment où les *griottes* sont mûres ; alors il ne reste plus qu'à mettre des cerises de cette espèce dans ce jus, et après deux mois de séjour la préparation en est achevée.

Autres cerises à l'eau-de-vie.

Prenez huit livres de cerises communes, que vous écrasez avec les mains ; ramassez les noyaux sans les briser ; ajoutez-y deux livres de sucre, et faites bouillir à petit bouillon jusqu'à ce que le jus ait acquis la consistance de sirop ; ce qu'on connaît en laissant tomber quelques gouttes éparses dans une assiette et les y laissant refroidir, car alors elles ne doivent plus couler sur l'assiette.

Versez cette compote bouillante dans quatre pintes d'eau-de-vie, à laquelle vous ajouterez quatre onces d'œillets à ratafia ; bouchez le bocal avec un bouchon de liége, et mettez infuser au soleil jusqu'au moment d'employer la grosse cerise à courte queue qui est un peu plus tardive ; ce qui donne environ un intervalle de trois semaines pour cette infusion.

Alors on passe l'infusion en exprimant légèrement le marc, et on la filtre ensuite à la chausse. On y jette la grosse cerise après avoir coupé les queues et l'avoir piquée de deux ou trois coups de pointes d'aiguille. On ferme bien le vaisseau et on laisse infuser le tout au soleil pendant trois ou quatre semaines, selon la chaleur de la température.

On peut dès lors en user comme d'une liqueur agréable et bienfaisante pour les estomacs faibles. C'est un très-bon tonique qui facilite la digestion.

Cerises au vin.

Après la seconde mise au four des cerises (voyez page 14), arrangez-les dans un vase; quand il est plein, versez dedans, pour remplir tous les intervalles que doit laisser le fruit qui n'est que pressé médiocrement, un mélange de vin rouge auquel vous ajouterez un cinquième d'eau-de-vie avec de la cannelle ou de la coriandre: bouchez votre vase bien hermétiquement. Ces cerises peuvent se conserver ainsi pendant très-long-temps. On en augmente beaucoup la qualité en ajoutant un quarteron de sucre clarifié par livre de fruit. Elles peuvent faire une excellente compote froide.

On peut préparer de la même manière les raisins secs.

Pêches à l'eau-de-vie.

Choisissez quinze pêches, belles, bien colorées; ayez soin de les prendre avant qu'elles aient tout leur degré de maturité ; enlevez-en le duvet avec un linge, et faites-leur des piqûres profondes afin que le sirop puisse pénétrer jusque dans l'intérieur ; mettez-les dans l'eau bouillante pendant quelques momens ; retirez-les et les mettez égoutter et sécher sur un tamis : c'est ce qu'on appelle les *faire blanchir*. D'un autre côté, prenez une livre de sucre, faites-le fondre dans une chopine d'eau, et aussitôt qu'il est clarifié, mettez-y vos pêches prendre un bouillon, puis laissez-les infuser dans ce sirop jusqu'au lendemain pour les mettre de nouveau égoutter. On met alors le sirop sur le feu, et aussitôt qu'il bout on y remet les pêches faire encore un bouillon ; on les retire, et quand elles sont refroidies on les place dans un bocal, et l'on verse dessus le sirop après l'avoir fait cuire encore, mais en prenant garde qu'il ne vienne au degré du caramel (page 38) ; il faut ensuite remplir le bocal avec de l'eau-de-vie très-forte, et couvrir comme pour les cerises.

Si les pêches étaient très-mûres, on pourrait se dispenser de les blanchir à l'eau bouillante, et l'on ferait toutes les autres opérations de la même manière.

Abricots à l'eau-de-vie.

Prenez la quantité d'abricots qu'il vous plaira, pourvu toutefois qu'elle n'excède pas deux douzaines ; essuyez-les proprement avec un linge pour ôter leur duvet ; jetez-les dans l'eau bouillante ; ils se précipiteront d'abord au fond, mais peu après ils remonteront sur l'eau ; alors tirez-les de la poêle et arrangez-les à mesure sur un linge blanc, ou, ce qui vaut mieux, jetez-les dans de l'eau fraîche. Tous vos abricots, blanchis de la sorte, jetez-les, étant égouttés, dans un sirop que vous aurez fait clarifier auparavant. Le reste du procédé est le même que celui que nous venons d'indiquer pour les pêches.

Pêches et abricots à l'eau-de-vie d'une autre manière.

Prenez de belles pêches ou abricots qui soient parvenus à leur degré de maturité ; ôtez-en le duvet en les essuyant proprement avec un linge ; pesez votre fruit, et pour chaque livre prenez un quarteron de sucre clarifié et cuit au grand perlé (page 37) ; mettez dedans votre fruit, et faites-lui jeter quelques bouillons ; retournez-le ensuite en tous sens pour qu'il prenne le sucre partout ; enfin retirez la poêle du feu et arrangez vos pêches ou abricots dans un bocal. Votre sirop étant plus de moitié refroidi, versez-y de l'eau-de-vie à raison de trois demi-setiers par livre de fruit ; ayez soin de ne verser votre eau-de-vie qu'à différentes reprises, et de remuer sans cesse pour faciliter le mélange, qui, sans cette précaution, ne se ferait qu'avec beaucoup de difficulté. Votre mélange étant parfait, versez-le dans le bocal où vous aurez arrangé votre fruit; il surnagera d'abord; mais à mesure que le sirop et l'eau-de-vie le pénétreront, il se précipitera au fond du bocal, et c'est alors seulement qu'il sera temps d'en faire usage.

Poires de rousselet à l'eau-de-vie.

Choisissez des poires de rousselet qui ne soient pas tout-à-fait mûres; prenez de la petite espèce, qui est la plus odorante; piquez-les avec une épingle de tous côtés, et faites-les blanchir à l'eau bouillante; retirez-les à mesure qu'elles s'amollissent, et jetez-les dans l'eau fraîche; étant tout-à-fait refroidies, ôtez-en la peau et rejetez-les dans l'eau fraîche, mais non dans celle qui vous aura déjà servi. Pour les entretenir dans une blancheur parfaite, exprimez dans l'eau le jus de deux citrons; faites ensuite clarifier du sucre, et achevez la préparation de même que celle des pêches (pag. 123).

On n'a point donné la dose du sucre qu'il faut employer, parceque, ordinairement, elle se règle sur la quantité de fruit, seulement il faut observer que le fruit doit toujours baigner à l'aise dans le sirop.

Poires de beurré d'Angleterre à l'eau-de-vie.

On peut les préparer absolument de la même manière que les précédentes.

Prunes de reine-claude et de mirabelle à l'eau-de-vie.

Choisissez ces fruits presque mûrs ; piquez-les partout avec une épingle. Jetez-les dans de l'eau bouillante; lorsqu'elles monteront sur l'eau, retirez-les du feu et jetez-les aussitôt dans de l'eau fraîche ; étant bien refroidies, mettez-les égoutter sur un tamis ; faites cuire et clarifier du sucre à raison de cinq à six onces par livre de prunes ; jetez votre fruit tout doucement dans le sucre encore bouillant, et faites-lui prendre plusieurs bouillons couverts ; retirez ensuite la poêle du feu ; écumez le sucre, et laissez le tout reposer jusqu'au lendemain, que vous viderez le sirop seulement dans la poêle à confiture ; alors vous lui donnez sept ou huit bouillons et le jetez sur le fruit. Le surlendemain, transvasez dans la poêle le fruit et le sirop, et faites-leur jeter dix à douze bouillons couverts ; retirez la poêle du feu, et enlevez l'écume si vous le jugez à propos. Votre sirop étant un peu refroidi, retirez-en vos prunes que vous arrangez dans les bocaux, puis versez-le dessus, et remplissez les bocaux d'eau-de-vie d'autant plus forte, que la quantité de sirop est plus considérable.

Pour préparer les reines-claudes il faut, afin de leur conserver une belle couleur verte, mettre dans l'eau où on les fait blanchir un ou deux jus de citron ou une poignée d'épinards. Il faut aussi leur couper la moitié de la queue.

Autre manière de confire la mirabelle et la reine-claude à l'eau-de-vie.

Prenez la quantité de prunes de mirabelle ou de reine-claude que vous voudrez, mais toutes dans un degré parfait de maturité; essuyez-les légèrement avec un linge blanc; pesez votre fruit, et prenez pour chaque livre un quarteron de sucre; clarifiez-le, et faites-le cuire au grand perlé (page 37); jetez votre fruit dans le sirop et donnez-lui quelques bouillons, en ayant soin de le remuer doucement avec l'écumoire pour lui faire prendre sucre de tous côtés également; avec l'écumoire retirez votre fruit de la poêle sans l'endommager, s'il vous est possible, et arrangez-le proprement dans des bocaux; laissez refroidir votre sirop; versez dedans, quand il est à moitié refroidi, de l'eau-de-vie à raison de trois demi-setiers par livre de fruit; mêlez bien le tout ensemble; et quand ce mélange est bien incorporé, versez-le sur votre fruit dans les bocaux, que vous fermerez bien avec un bouchon de liége, en ayant soin de les recouvrir avec du parchemin mouillé. En suivant exactement ces procédés on peut conserver ces fruits au moins pendant deux ans.

Noix à l'eau-de-vie.

Prenez de belles noix vertes fraîchement cueillies et assez peu avancées pour qu'une épingle puisse passer au travers; épluchez-les jusqu'au blanc, et mettez-les à mesure dans l'eau fraîche; faites bouillir de l'eau dans laquelle vous jetterez un peu d'alun ou exprimerez le jus d'un citron, pour les entretenir blanches; quand vos noix seront suffisamment blanchies; remettez-les à l'eau fraîche; prenez une quantité suffisante de sucre clarifié, que vous mettrez à la cuisson du petit lissé (page 37); versez-le sur les noix; répétez cette opération pendant trois jours; le quatrième, faites-le cuire au petit perlé, et versez-le sur les noix que vous laisserez dedans jusqu'au lendemain; alors égouttez vos noix et mettez-les dans des bocaux; ajoutez au sucre les deux tiers de la quantité en eau-de-vie; passez votre liqueur à la chausse, versez-la sur les noix dans les bocaux, et fermez-les bien hermétiquement.

DES RATAFIAS.

Les ratafias sont des liqueurs très-agréables que l'on fait par l'infusion, ordinairement à froid, de fleurs, de fruits succulens, de graines ou de noyaux, etc., dans l'eau-de-vie ou l'esprit-de-vin; on ajoute souvent quelques aromates, et toujours du sucre. Le temps de l'infusion peut être plus ou moins prolongé; mais après qu'on l'a jugée suffisante, il faut toujours filtrer le ratafia.

Il importe, pour faire de bons ratafias, de n'employer que des substances de bonne qualité et récentes. Les fleurs nouvellement cueillies ont plus d'arôme; les fruits mûrs, sans l'être trop, et les plus frais, les graines les plus récemment récoltées, sont les meilleurs, parce que le suc des uns est plus abondant, le goût des autres est plus prononcé.

Lorsqu'on ajoute des aromates, comme la cannelle, le girofle, etc., on peut les concasser ou les laisser en morceaux; les mettre dans un nouet de linge ou les répandre dans la liqueur; l'effet n'en est pas différent.

Il ne faut pas mettre le sucre dans l'eau-de-vie ni dans l'esprit, parce qu'il n'y serait pas complétement dissous. Il doit toujours être pénétré d'eau pure avant de l'ajouter au ratafia, soit qu'on le trempe seulement dedans par morceaux, soit qu'on le fasse fondre dans un peu d'eau seulement, comme quand on le met dans l'eau-de-vie; soit dans une grande quantité, comme lorsque l'on veut sucrer un ratafia préparé avec de l'esprit; soit enfin qu'on le prépare en sirop. Quelquefois on met quelques substances dans le sucre, tandis que d'autres macèrent dans l'eau-de-vie, et on réunit ensuite le tout pour faire le ratafia. Mais, quel que soit le procédé que l'on suive, on ne doit jamais sucrer les ratafias qu'avec du beau sucre, et ne point se servir de cassonades. Nous ajouterons qu'en général il est plus avantageux de ne mettre le sucre que quand l'eau-de-vie a macéré sur les substances végétales, parce qu'elle en tire plus de principes que lorsqu'elle est sucrée. C'est surtout aux matières odorantes que cela s'applique.

On ne doit également employer que l'eau-de-vie de bonne qualité et d'une assez grande force, parce qu'elle se charge mieux des parties aromatiques des substances que l'on y fait macérer; il y a même de l'avantage à se servir d'esprit *trois-six*, c'est-à-dire à trente-trois degrés, lorsque l'on fait des ratafias avec des matières qui ont beaucoup d'odeur, de saveur, et par conséquent d'huile essentielle dont on veut charger le ratafia. Dans ce cas, le sucre qu'on y ajoute doit être dissous ou fait en sirop dans autant d'eau qu'on a employé d'esprit. On peut aussi préparer des ratafias avec de l'esprit, sans avoir besoin d'étendre le sucre dans autant d'eau; c'est quand on les fait avec des fruits rouges qui donnent beaucoup de jus.

Le temps de l'infusion varie pour chaque ratafia; mais le plus souvent il n'y a pas d'inconvénient à le prolonger au delà de ce qui est prescrit pour chacun. En général, on laisse en repos de quinze à trente jours; mais il en est quelques-uns pour lesquels huit jours suffisent, tandis que d'autres exigent plusieurs mois. L'infusion n'aura pas besoin d'être aussi longue, si l'on a soin de remuer souvent le vase, afin d'imprégner plus promptement le liquide des principes actifs des substances qui y sont contenues. Il y aura aussi de l'avantage à placer le vase dans un endroit d'une température un peu chaude, ou au soleil, quand il s'agira de fruits peu odorans, comme les cerises, les groseilles et même les cassis et les coings : mais pour les substances dont l'odeur est délicate, comme les fleurs d'oranger, les écorces odorantes, etc., il faut les faire macérer à l'ombre et sans chaleur. On doit aussi, dans ces derniers cas où l'on ne veut extraire que l'odeur des matières employées, ne faire macérer que peu de temps, et souvent un jour suffit, afin de ne pas charger le retafia de principes âcres, amers et désagréables.

Nous avons dit qu'il fallait toujours filtrer les

ratafias ; sans cette précaution ils seraient épais ou au moins louches, ce qui ôterait une partie de leur agrément. Si on ne les a pas sucrés d'abord, il faut le faire avant de penser à les rendre limpides, parce que le sucre les troublerait de nouveau. On doit donc, avant de les passer, les déguster, afin d'ajouter du sucre au besoin. Il en serait de même pour l'eau-de-vie ; si on ne les trouvait pas assez forts, il faudrait en ajouter un peu, ou même de l'esprit pour ne pas trop étendre son ratafia. On peut les filtrer à la chausse ou au papier : cette dernière manière les fait obtenir plus limpides ; mais la chausse est plus expéditive. Cependant si le tissu en est trop serré, la liqueur ne passera pas, et, s'il est trop clair, elle ne sera pas clarifiée; il faut donc en avoir de plusieurs étoffes plus ou moins serrées, et si au premier passage la liqueur n'est pas assez claire, vous la versez dans une autre, et vous recommencez ainsi jusqu'à ce qu'elle soit au degré de limpidité que vous désirez ; au bout d'un certain temps la chausse s'empâte et la liqueur ne trouve plus de passage, alors il faut la laver après avoir transvasé votre liqueur dans une autre chausse ; en la lavant, ayez soin de ne pas la tordre, mais pressez-la en long le plus que vous pourrez. Si l'on a peu de liquide on le filtre au papier joseph, car le papier gris altère le goût du liquide.

Il faut éviter avec soin, pour faire les ratafias, de se servir d'aucun vase de métal, de cuivre par exemple, d'étain, ni même de fer-blanc. Les bocaux, les cruches de grès, et même les vaisseaux de faïence quand ils sont assez commodes, ce qui arrive rarement, sont donc les seuls vases dont vous puissiez faire usage.

Nous n'indiquerons d'autres règles pour la conservation des ratafias que de placer ceux qui sont odorans dans un lieu frais et même froid, où leur saveur gagne beaucoup. Au contraire, les ratafias de fruits se perfectionnent plus vite et mieux dans un endroit dont la température est tempérée ou un peu au-dessus; ils y prennent du moelleux, et même le caractère des vins liquoreux : c'est ainsi que le cassis prend avec le temps un goût qui le rapproche du vin de Rota.

Ratafia d'anis, dit *eau d'anis*.

Concassez dans un mortier quatre onces de graines d'anis vert, cinq ou six graines d'anis étoilé, et une once de coriandre; mettez dans une cruche avec le zeste de deux citrons et quatre litres d'eau-de-vie, ou deux litres d'esprit *trois-six*. Laissez reposer un mois le vase étant bien bouché; passez après ce temps, et ajoutez deux livres de sucre fondu dans un peu d'eau seulement si vous avez employé de l'eau-de-vie, ou étendu dans deux pintes d'eau si vous vous êtes servi d'esprit : il ne reste plus après le mélange qu'à filtrer et à mettre en boutilles.

Ratafia de noyaux, dit *eau de noyaux*.

Mettez dans une cruche, jusqu'aux trois quarts, des noyaux d'abricots récemment sortis du fruit; on peut en casser quelques-uns, mais en petit nombre et y laisser les amandes; remplissez-le vase d'eau-de-vie et placez-le au soleil pendant deux mois; passez alors, et ajoutez par pinte de liqueur six onces de sucre fondu dans un peu d'eau; laissez encore reposer huit jours, filtrez et conservez. En se servant de noyaux de pêches le ratafia a le goût de ce dernier fruit; mais il ne faut y ajouter aucun aromate.

Kirsch-wasser de ménage.

Prenez des noyaux de cerises que vous concassez, jetez-les avec les amandes dans de l'eau-de-vie; et les y laissez infuser jusqu'au temps où vous pourrez y ajouter des noyaux d'abricots, sans amande; laissez-les encore infuser deux mois, puis filtrez-les. Cette liqueur ressemble pour le goût au véritable kirsch-wasser qui se vend fort cher, et a les mêmes propriétés pour l'estomac.

Cassis.

Mettez dans un vase du cassis égrainé, et versez de l'eau-de-vie dessus assez pour l'en recouvrir. Mais si vous écrasez votre fruit, pesez-le afin d'en mettre trois quarterons par pinte d'eau-de-vie. Dans les deux cas, ajoutez six à huit onces de sucre par pinte d'eau-de-vie, et faites infuser au soleil pendant deux mois. Au bout de ce temps passez à la chausse, et mettez votre liqueur dans des bouteilles que vous boucherez bien. Cette liqueur n'est parfaite qu'au bout de trois ou quatre ans, parce qu'alors elle a contracté une qualité qui lui donne le goût du vin de Rota. On peut, si l'on veut, ajouter avec le sucre un peu de cannelle et de clou de girofle; mais le ratafia n'en est pas meilleur.

Ratafia de brou de noix.

Prenez un cent de belles noix vertes, mais dont l'intérieur soit encore assez peu formé pour qu'une épingle puisse passer facilement au travers; pilez-les dans un mortier et mettez-les infuser pendant deux mois dans six pintes d'eau-de-vie, avec un gros de muscade et autant de girofle; au bout de ce temps, passez votre infusion au travers d'un tamis de soie; prenez trois livres de sucre concassé par petits morceaux que vous faites fondre dans le ratafia ; remettez ensuite votre liqueur dans un vase, et laissez-la reposer pendant trois mois ; ce temps expiré, décantez-la, c'est-à-dire, soutirez-la en inclinant doucement votre vase pour ne pas la troubler, et mettez-la ensuite en bouteilles.

Ratafia de genièvre.

Prenez quatre onces de graines de genièvre parfaitement mûres ; concassez-les et mettez-les ensuite infuser dans quatre pintes d'eau-de-vie. Faites fondre sur le feu deux livres de sucre dans une chopine d'eau commune, versez ensuite votre sirop, quand il est refroidi, sur votre infusion ; bouchez bien votre cruche et exposez-la au soleil, ou bien placez-la dans un lieu tempéré, pendant six semaines ; filtrez votre ratafia à la chausse et mettez-le en bouteilles.

Quelquefois on ajoute des aromates aux graines de genièvre, tels que les clous de girofle, la cannelle, le macis, l'anis et la coriandre : la dose est d'un gros de chaque, ou deux gros si on ne les ajoute pas tous.

Scubac.

Prenez une demi-once de safran, autant de baies de genièvre, un gros d'anis vert, autant de coriandre, une demi-once de cannelle et de racine d'angélique, un demi-gros de macis et de girofle, et six jujubes; concassez tous ces ingrédiens, et faites-les infuser dans trois pintes d'eau-de-vie à vingt-deux degrés; ajoutez trois livres de sucre formé en sirop avec le moins d'eau possible; mettez dans une cruche bien fermée, et laissez macérer pendant un mois, après lequel on doit passer et filtrer à la chausse. On peut n'ajouter le sirop qu'au moment où l'infusion est achevée et avant de filtrer. Ce ratafia doit avoir une certaine consistance, on le préfère plutôt épais que limpide.

Scubac de Lorraine.

Prenez amandes d'abricots, coriandre, cannelle, quatre onces; clous de girofle, petite cardamome, trois gros; macis ou enveloppe de muscade, six gros; basilic, une poignée; amandes douces, deux onces; zestes de huit citrons; faites infuser le tout dans huit pintes d'eau-de-vie pendant quatre ou cinq jours. Préparez safran, trois onces, que vous ferez infuser dans une pinte de vin muscat; à défaut, prenez du bon vin blanc, et jetez-y avec votre safran une once de fleurs de sureau; faites bouillir quatre livres de sucre dans cinq pintes d'eau clarifiée, mêlez le tout et passez à la chausse, vous aurez un scubac parfait.

Ratafia de semences chaudes, dit *des sept-graines.*

Prenez des graines d'anis, de carvi, de cumin, de fenouil, d'ache, de coriandre et d'aneth ou d'angélique, une once de chaque; après les avoir pilées grossièrement dans un mortier, mettez-les dans une cruche avec quatre litres d'eau-de-vie ou deux litres d'esprit, et terminez votre ratafia comme nous avons dit de celui d'anis, page 133.

Eau d'archange de Lorraine.

Concassez un gros de cannelle, un gros de macis, demi-once de coriandre, deux gros de graines d'angélique, un gros d'anis de Verdun; joignez le jus et le zeste de deux citrons et une livre de sucre candi; faites infuser toutes ces substances dans deux pintes d'eau-de-vie coupée d'une pinte d'eau bouillie; colorez à volonté et filtrez.

Eau des Barbades.

Tiges d'angélique, demi-livre; quand elles sont vertes, il n'en faut que moitié; coriandre, quatre onces; cannelle brisée, deux onces; faites infuser le tout à froid pendant huit jours, dans six pintes d'eau-de-vie, et quatre pintes de vin muscat; joignez-y alors trois livres de sucre candi; filtrez.

Eau divine de Nancy.

Sur deux pintes d'eau qui auront bouilli et qu'on aura laissées refroidir, on mettra : eau de mélisse, eau de cannelle, de chacune quatre gros; eau de naphte ou de fleurs d'orange, chopine; eau-de-vie, six pintes; sucre candi, quatre livres. Cette liqueur se fait pour ainsi dire à la minute.

Rossoli de Nancy.

Prenez graines d'anis de Verdun, graine d'ambrette, coriandre, cannelle, quatre onces; macis, six onces; clous de girofle, demi-once; zestes de citron, zestes d'orange, demi-livre; faites infuser le tout pendant quatre jours dans quinze pintes d'eau-de-vie; faites ensuite un sirop avec sept livres de sucre et cinq pintes d'eau; clarifiez; mêlez le tout ensemble et filtrez. Ce rossoli ne le cède en rien à celui si renommé de Turin, ni aux meilleurs qui se fabriquent en Italie.

Vespétro.

Graines d'angélique, deux onces; de coriandre, une once; d'anis vert et de fenouil, de chaque deux gros; deux citrons coupés par tranches, et le zeste de quatre oranges dans deux pintes d'eau-de-vie; faites macérer en remuant souvent le vase. Après quinze à vingt jours, ajoutez une livre de sucre par morceaux et imbibés d'eau. Laissez encore reposer jusqu'à ce que le sucre soit fondu, passez alors et filtrez.

Curaçao, ou Ratafia d'écorces d'orange.

Mettez infuser quatre onces de zeste d'oranges dans trois ou quatre litres d'eau-de-vie, ou la moitié seulement d'esprit à trente-trois degrés. Laissez infuser, un mois ou deux, selon la température de la saison ou de la pièce où est placé le vase. Ajoutez, quand vous croyez l'infusion faite, deux livres de sucre fondu dans peu d'eau, ou étendu dans autant d'eau que d'esprit. Filtrez au papier après un jour ou deux, et mettez en bouteilles bien bouchées.

Ratafia de cédrats, dit parfait-amour.

Mettez dans une cruche deux beaux cédrats coupés par morceaux, et le zeste de trois ou quatre autres, avec un peu de cochenille pilée. Versez dessus quatre pintes d'eau-de-vie et deux litres de sucre fondu en sirop. Laissez infuser un mois et demi ou deux mois. Filtrez avec soin, parce que ce ratafia doit être bien limpide.

Parfait-amour de Lorraine.

Prenez cerfeuil, persil et thym, de chaque deux poignées; coriandre, cannelle, muscade, une once. Pelez fin vingt citrons à écorce fort boutonnée, n'enlevant que le moins possible du blanc; ce sont vos zestes. Faites infuser le tout pendant quatre jours dans deux litres d'eau-de-vie; joignez-y, le cinquième jour, cinq livres de sucre blanc que vous aurez fait fondre dans l'eau bouillie; filtrez et donnez la teinture de cochenille.

Citronnelle.

On peut faire ce ratafia de la même manière que le ratafia de cédrats, dit parfait-amour, en se servant de citrons au lieu de cédrats, et en ne mettant pas de cochenille. On peut aussi n'employer que les zestes de douze citrons pour la même dose d'eau-de-vie et de sucre.

Ratafia de coings.

Râpez des coings jusqu'au cœur; faites macérer cette râpure sans les pepins pendant trois ou quatre jours, après lesquels il faut la passer fortement dans un linge, pour en tirer le jus, que vous mesurez, et auquel vous ajoutez une égale quantité d'eau-de-vie, et six onces de sucre par pinte du mélange, avec quelques amandes amères et un gros de cannelle, de girofle et de coriandre. Laissez infuser le tout pendant deux mois; filtrez ensuite et mettez en bouteilles. Pour que cette liqueur soit bonne, il faut l'attendre, et ne la pas boire trop nouvelle; il faut au moins lui laisser passer tout l'hiver, afin de pouvoir l'exposer au soleil l'année suivante; par ce moyen ce ratafia sera excellent; vous le passerez ensuite à la chausse et le mettrez en bouteilles.

Ratafia d'angélique.

Fendez et coupez par morceaux une livre de tiges d'angélique, au moment où la plante va fleurir; on peut même les piler grossièrement dans un mortier. Mettez dans une cruche avec trois litres d'eau-de-vie; bouchez bien, et laissez au soleil pendant un mois; ensuite passez dans un linge en pressant un peu; remettez dans le même vase avec huit onces de sucre fondu dans le moins d'eau possible, un gros de cannelle, un peu de macis et de girofle, et faites encore infuser au soleil pendant un mois. Enfin, filtrez et mettez en bouteilles.

Ratafia de Grenoble.

Écrasez dans un mortier de marbre quatre livres de merises sans les queues, en ayant soin de concasser les noyaux et laissez reposer pendant deux jours. Faites macérer pendant le même temps le zeste d'un citron dans trois litres d'eau-de-vie; mêlez le tout; ajoutez trois livres de sucre fondu dans un peu d'eau et laissez infuser pendant un mois; passez en exprimant fortement, et filtrez.

Ratafia de café.

Pilez grossièrement six onces de café moka brûlé faiblement et encore chaud, et six onces de ce même café cru, mêlez ; versez dessus deux litres d'eau-de-vie, et faites macérer quinze jours en remuant souvent ; après ce temps ajoutez dix à douze onces de sucre réduit en sirop avec peu d'eau ; laissez encore ce mélange pendant huit jours ; passez et filtrez.

Ratafia de groseilles.

Dans deux litres de jus de groseilles rouges, mettez un gros de cannelle, un demi-gros de girofle et quatre litres d'eau-de-vie ; laissez infuser ce mélange pendant un mois ; ensuite décantez votre liqueur, et faites fondre dedans quatre livres de sucre concassé ; filtrez votre ratafia à la chausse et mettez-le dans des bouteilles.

Ratafia de framboises et de fraises.

Il se fait comme celui de groseilles, mais avec du jus de framboises ou de fraises.

Ratafia de grenades.

Choisissez des grenades bien mûres, bien saines et sans taches, en suffisante quantité pour qu'elles vous donnent trois pintes de jus ; avant de l'exprimer, ayez soin d'en extraire les graines que vous rejetez ; mettez ensuite votre jus avec six pintes d'eau-de-vie et deux gros de cannelle dans un vase, où vous le laisserez reposer cinq à six semaines ; au bout de ce temps décantez le mélange et y faites fondre trois livres de sucre concassé ; filtrez votre ratafia et mettez-le en bouteilles.

Ratafia de pêches.

Faites choix de pêches en plein vent, très-mûres et les plus saines possible ; ôtez-en les noyaux ; mettez vos pêches dans un linge et exprimez-en le jus à la presse ; mettez-le dans un vase avec quatre pintes et demie d'eau-de-vie pour deux livres de jus ; laissez reposer votre mélange cinq à six semaines ; alors soutirez-le et faites fondre dedans deux livres de sucre concassé ; filtrez votre ratafia à la chausse et mettez-le en bouteilles.

Ratafia de raisin muscat.

Prenez trois litres de suc de raisin muscat bien mûr ; faites-y fondre deux livres de sucre ; ajoutez trois litres d'eau-de-vie, deux gros de cannelle concassée, et faites infuser pendant quinze jours ; passez ensuite et mettez en bouteilles.

Ratafia des quatre fruits.

Prenez des merises, des griottes et des framboises parties égales, et des cerises autant que des trois. Tous ces fruits bien mûrs, ôtez-en les queues et les rafles, et écrasez-les séparément. Mêlez ensuite le tout : laissez reposer pendant une demi-journée, et exprimez-en tout le jus en pressant dans un linge ou à la presse. Mesurez ce jus, et faites-y fondre quatre ou cinq onces de sucre concassé par litre. Ajoutez ensuite la moitié du tout en eau-de-vie à vingt-deux degrés, et faites reposer dans une cruche ou un baril pendant un mois. Soutirez alors doucement, et sans remuer le vase, tant que le ratafia viendra clair ; filtrez et conservez. On doit filtrer à part ce qui reste trouble au fond du vase, parce que le goût en est moins agréable.

Ratafia de fleurs d'oranger.

Nous indiquerons trois manières de le préparer. On peut mettre deux livres de pétales mondées de fleurs d'oranger fraîchement cueillies dans quatre pintes d'eau-de-vie. On bouche bien le vase, et on laisse infuser trois ou quatre jours. On ajoute après ce temps deux livres de sucre fondu dans une pinte d'eau ; on laisse encore reposer quelques jours, et ensuite on passe à la chausse ou on filtre au papier.

Le second procédé consiste à faire un sirop avec deux livres de sucre dans une pinte d'eau, à y jeter la fleur mondée de même, pour y faire quelques bouillons. On met le tout refroidir dans un vase, on ajoute l'eau-de-vie, on bouche bien, et après dix à vingt jours on filtre. Les doses de la fleur et de l'eau-de-vie sont les mêmes.

Enfin pour le troisième, qui est plus prompt, on met infuser pendant douze heures dix onces de fleurs d'oranger épluchées dans trois litres d'eau-de-vie. D'une autre part, on fait fondre deux livres de sucre dans une pinte d'eau, que l'on mêle à l'eau-de-vie, après avoir laissé égoutter la fleur sur un tamis. Il faut ensuite filtrer et mettre en bouteilles.

Ratafia de roses.

Prenez un quarteron de roses blanches ou rouges : faites-les infuser dans une chopine d'eau tiède ; laissez reposer votre infusion pendant deux jours ; au bout de ce temps, passez-la au travers d'un linge, en pressant pour exprimer tout le liquide ; prenez autant d'eau-de-vie que vous avez de décoction, et ajoutez par pinte une demi-livre de sucre clarifié : assaisonnez d'un peu de coriandre, de macis et de cannelle ; laissez le tout infuser pendant douze à quinze jours ; passé ce temps, filtrez votre ratafia à la chausse, et mettez-le en bouteilles.

Ratafia de jonquilles.

Choisissez des jonquilles doubles comme étant

les plus odorantes ; pour un quarteron de fleurs, prenez une livre de sucre que vous faites fondre dans une pinte d'eau ; faites prendre à vos fleurs deux ou trois bouillons dans le sirop, ensuite, versez-les avec le sirop dans une pinte d'eau-de-vie où vous les laissez infuser pendant une quinzaine de jours au moins ; filtrez ensuite votre ratafia, et mettez-le en bouteilles.

Ratafia d'œillets.

Épluchez de petits œillets rouges dits *à ratafia*, en séparant les pétales, et en enlevant la partie blanche appelé *onglet*, mettez dans un vase deux livres de la partie rouge restante, avec une vingtaine de clous de girofle et un demi-gros de cannelle ; versez dessus quatre pintes d'eau-de-vie, et laissez-les infuser pendant six semaines ou deux mois en plaçant au soleil, après avoir bouché bien hermétiquement l'ouverture du vase. Au bout de ce temps, l'eau-de-vie étant imprégnée du parfum des fleurs, passez votre infusion au travers d'un linge, et pressez bien vos fleurs pour en extraire tout le liquide qu'elles pourraient retenir ; faites ensuite fondre, clarifier et écumer (page 35) deux livres de sucre que vous ajoutez avec un peu de cochenille ou de carmin pour donner une belle couleur à votre ratafia. Remettez le tout dans une cruche que vous fermez bien exactement et placez encore au soleil pendant trois semaines. Au bout de ce temps, passez votre ratafia à la chausse ou au papier, et mettez-le ensuite en bouteilles.

Ratafia de jasmin.

Il se fait de la même manière que celui de jonquilles, avec cette différence qu'il faut un demi-quarteron de fleurs de plus. Cette liqueur a un parfum extrêmement doux et très-agréable.

VINS CUITS.

On prépare le vin cuit en faisant bouillir du moût, ou du vin doux, auquel on ajoute les grains quand on veut l'avoir rouge. On le fait évaporer d'un tiers ou d'un quart, selon le plus ou moins de maturité du raisin; on ajoute un quart ou un cinquième d'eau-de-vie avec de la cannelle, du girofle, etc. Ce vin ne peut se boire qu'au bout de deux ans; mais voici la préparation d'un vin cuit qui vaut beaucoup mieux, et qui a en outre l'avantage d'être bon à boire plus promptement.

Choisissez un raisin blanc parfaitement mûr, et de l'espèce la plus sucrée, tel que le mélier blanc. Le chasselas ne convient pas parce qu'il est un de ceux qui contiennent le moins de matière sucrée. Si l'on emploie du raisin rouge à la préparation du vin cuit, on ne prendra que le moût, car, en faisant bouillir le grain pour avoir sa partie colorante, on a l'âpreté de la pellicule et du pepin.

Prenez vingt-quatre pintes de moût, faites-le réduire à petit bouillon, du quart ou du tiers : on a un bâton qui sert d'étalon, on le marque à la hauteur de seize pintes pour le tiers, et à celle de dix-huit pour le quart. Le moût évaporé on y jette de la craie ; lorsque l'effervescence est cessée, on laisse déposer, ou on passe à la chausse. On obtient un moût parfaitement clair ; on le mêle avec l'infusion suivante préparée un mois à l'avance et filtrée. Dans quatre à cinq pintes d'eau-de-vie on met cannelle, girofle, de chaque vingt-quatre grains, vanille demi-gros, iris de Florence un gros, douze amandes d'abricots ou de pêches. On peut éviter de filtrer l'infusion en suspendant dans l'eau-de-vie les aromates pulvérisés et enfermés dans un nouet.

En exposant ce vin au soleil pendant le reste de la saison, dans des bouteilles qu'on n'emplit que jusqu'au goulot, et qu'on pose couchées, l'arôme se fond et n'a plus qu'un joli bouquet.

VINS LIQUOREUX FACTICES.

On appelle vin le produit du premier degré de la fermentation des fruits sucrés, et principalement des raisins. Quand on laisse le suc de raisin ou *moût* en repos à une température de douze à dix-huit degrés, la fermentation s'y développe ; il s'y fait une décomposition qui donne à la liqueur des qualités nouvelles ; au lieu de douce et sucrée qu'elle était, elle devient un peu piquante, et l'on sent qu'elle contient les principes de l'eau-de-vie. Le principal changement qui a eu lieu alors consiste dans la métamorphose de la matière sucrée du raisin en alcohol. Plus les raisins étaient sucrés, plus la décomposition du sucre a été complète, et plus les vins qui en résultent sont spiritueux et secs. Ceux, au contraire, qui proviennent de moût bien sucré, mais dont tout le sucre n'a pas été décomposé, contiennent moins d'alcohol, restent plus parfumés et surtout plus sucrés : on les appelle vins *liquoreux* ou *de liqueur*. Ce sont ceux-ci que l'on a principalement cherché à imiter.

Pour obtenir des vins de liqueur il faut donc des raisins très-sucrés. On leur donne cette qualité en les laissant mûrir et même faner sur les ceps. Il faut remarquer que, par cette maturité prolongée, le principe qui, dans le raisin, produit la fermentation, et que les chimistes nomment *ferment*, lequel est contenu dans les cellules du raisin comme le principe sucré, existe dans le suc ; il faut remarquer, disons-nous, que ce ferment diminue en proportion que la quantité de sucre augmente. Voilà pourquoi dans les vins liquoreux il n'y a pas une grande quantité d'alcohol de formé, c'est qu'il n'y a pas assez de ferment pour décomposer beaucoup de matière sucrée. Souvent il y a si peu d'alcohol dans les vins de liqueurs, qu'il faut en ajouter pour qu'ils ne se décomposent pas.

Ces explications sur la manière dont se font les vins de liqueur naturels mettront à même de produire les mêmes vins artificiellement. Nous ne donnerons l'exemple que de quelques-uns; mais il sera aisé d'en faire d'autres d'après les mêmes règles. Nous en emprunterons quelques-uns à M. Cadet-de-Vaux. La plupart peuvent être considérés comme des ratafias faibles.

Vin de Malaga.

C'est un des plus estimés; en le prenant pour exemple, il servira à fixer l'opinion sur les vins de liqueur ainsi que sur nos vins liquoreux domestiques.

L'Espagne est un climat très-chaud; ses raisins sont très-sucrés. Voici comment on y prépare le vin de Malaga : le raisin parvenu à sa maturité, on le fait entrer en miellation; à cet effet on tord la grappe sur le cep; les canaux séveux sont oblitérés, et il n'y a plus de végétation; alors le raisin perd une portion de son eau, ce qui concentre la matière sucrée, ou bien on détache là grappe et on l'expose sur une roche brûlée par l'ardeur du soleil. Le raisin parvenu à cet état de maturité secondaire que lui donne la miellation, privé de son humidité surabondante et évaporable, on le foule, on l'exprime, et on a un véritable sirop de raisin. On met fermenter ce moût, et la fermentation est lente et silencieuse, parce qu'il n'existe plus de proportion entre la matière sucrée et l'eau. Quand la fermentation est achevée, ce vin n'est pas du tout ce qu'on appelle le vin de Malaga, mais il en devient la *mère;* c'est-à-dire qu'il est destiné à entrer en telle ou telle proportion dans le vin de Malaga, tel que le livre le commerce. Ainsi sur une pièce de très-bon vin blanc obtenu par les procédés ordinaires on ajoute une quantité déterminée de *pots de vin mère*, et chaque pot donne une *feuille de plus* au vin de Malaga. On voit par-là que ce fameux vin n'est que l'œuvre de l'art, sans lequel le raisin dont on l'obtient ne donnerait qu'un vin tout ordinaire.

Il résulte de cet exemple, que ce qui fait les vins spiritueux et leur matière sucrée, que ce qui le fait en même temps liquoreux, c'est la surabondance de cette même matière sucrée dont la fermentation n'a pu faire emploi. Mais, si pour concentrer la matière sucrée et convertir le moût en un véritable sirop, nous ne pouvons, comme dans les pays chauds, laisser la grappe sur le cep ou l'exposer sur une roche brûlante, il existe un moyen bien plus expéditif d'arriver au même but; il ne s'agit que d'en évaporer au feu l'humidité. Le calorique est toujours un, que ce soit le soleil, le frottement ou la combustion qui le développe. Ainsi donc nous exprimons notre raisin ayant acquis sa maturité de végétation et celle de miellation. Son moût récent pesait de dix à douze degrés; dans un seul jour nous l'aurons concentré de vingt à vingt-cinq degrés, nous aurons fait le sirop mère du vin de Malaga.

Dans la fermentation une portion de matière sucrée se serait changée en alcohol dans la proportion d'un quart, c'est-à-dire d'un demi-setier d'eau-de-vie par pinte : en conséquence, sur trois pintes de notre moût cuit ajoutons une pinte d'eau-de-vie, voilà notre quart d'alcohol et nos trois quarts de matière sucrée non décomposés, ce qui donne un vin ayant le spiritueux et le liquoreux des vins de cette espèce. Cette addition d'eau-de-vie interdit au vin la puissance de fermenter. On peut distribuer ces vins dans des tonnelets, des cruches de grès ou des dames-jeannes en verre.

Si on veut un vin plus liquoreux, on y ajoute du sirop de raisin ; car nulle autre matière sucrée ne peut convenir mieux à du vin.

Si on le veut tout à la fois plus liquoreux et plus spiritueux, on ajoutera au sirop le quart d'eau-de-vie.

Si c'est un vin plus sec qu'on désire, on y ajoute d'un excellent vin blanc.

On n'indique point les proportions; c'est au goût à les fixer.

Il ne reste plus maintenant qu'à donner à ces vins divers des arômes; ils sont indéterminés dans des vins de cette espèce, mais puisqu'il est reconnu que le muscat est l'arôme qui appartient à beaucoup de vins de liqueur, puisqu'il est la base de leur bouquet, ajoutez-y un peu de fleurs de sureau, et deux gros suffisent pour une pièce de deux cents pintes; enfin, en disséminant ou mélangeant dans chacun de ces vins des atomes d'arômes, tels que la cannelle, le girofle, le macis, la vanille, l'iris de Florence, capillaire, rose, fleurs d'oranger, amande, orange, citron, cédrat, bergamote et autres, on obtiendra autant de vins différens : on les aura à volonté plus liquoreux ou plus secs, plus ou moins spiritueux, et tout aussi agréables au goût que salutaires.

Vin de Lunel.

De tous les vins de liqueur les plus aisés à faire sont ceux de muscat et de Frontignan.

Pour douze bouteilles de vin blanc, vous prenez quatre livres de raisin muscat, vous leur faites jeter un bouillon sur le feu, afin de pouvoir bien exprimer les raisins; vous y ajoutez une demi-livre de sucre et un demi-setier d'eau-de-vie; vous mêlez le tout ensemble, le filtrez et le remettez en bouteilles : ce vin a le goût absolument semblable au vin de Lunel.

Vin de Tokai et vin de paille.

Ce dernier se prépare dans le Haut-Rhin, mais il recèle une pointe d'acide qui lui enlève l'arôme du muscat, que le temps seul peut rendre insensible, mais ne lui enlève pas tout-à-fait; pour l'assimiler au vin de Tokai, où le goût du muscat est plus prononcé, il faut donc trouver un moyen de lui faire reproduire ce goût de muscat : pour cela, mettez de la craie infuser dans des bouteilles de ce vin de paille, et décantez-le ensuite de dessus les sels calcaires qui se précipiteront au fond, et vous aurez plus du moelleux et de l'arôme qui distinguent le vin de Tokai, en sorte qu'on peut servir le même vin sous les deux désignations de vin de paille et de Tokai.

Le procédé employé pour désacidifier le vin de paille peut servir généralement pour accélérer la maturité des vins, que le temps opère si lentement. Nous allons cependant indiquer un moyen mis en usage pour vieillir le vin de Bordeaux.

Retirez un verre de vin de chaque bouteille, que vous rebouchez bien ; mettez-les dans un four de pâtisserie à une chaleur graduée ; au bout de quelques heures, le four étant refroidi, retirez les bouteilles, remplissez-les, et descendez à la cave ; le lendemain, le vin de Bordeaux de deux ou trois ans en a dix ou douze.

Vin d'abricots.

Otez les noyaux à des abricots très-mûrs, et coupez-les par morceaux ; prenez-en huit livres, que vous saupoudrez avec une livre et demie de sucre en poudre, et laissez macérer jusqu'au lendemain. Faites bouillir dans une bassine jusqu'à ce que les abricots commencent à fondre ; retirez alors du feu, et un peu après versez dans une cruche de grès. Quand ils sont refroidis, jetez dessus huit bouteilles de bon vin blanc et trois bouteilles d'eau-de-vie. Bouchez hermétiquement la cruche, et laissez reposer le tout pendant un mois. Soutirez alors avec précaution tout ce qui est clair, passez le reste à la chausse, réunissez les deux parties. Vous aurez un vin aussi agréable que celui de Lunel.

On peut mettre dans la cruche quelques-uns des noyaux cassés, en ôtant les amandes. Ce vin peut se préparer de même en ne faisant pas cuire les abricots. On met dans ce cas une pinte d'eau-de-vie de plus, pour empêcher la fermentation, que la cuisson du fruit avait prévenue.

Vins de pêches et d'autres fruits.

Le vin de pêches, préparé de la même manière, est encore plus agréable. Il n'est pas besoin de chercher d'autres doses du fruit et des autres ingrédiens. Le vin de prunes de reine-claude et surtout de mirabelle est aussi d'un fort bon goût. Dans tous ces vins on peut laisser infuser le bois de quelques noyaux, mais jamais d'amandes. Ils s'améliorent beaucoup en vieillissant.

D'après les mêmes règles, on en peut faire avec les cerises, les groseilles, les framboises et même le cassis. On peut faire un mélange de ces fruits, selon le goût particulier; mais ces préparations rentrent dans les ratafias, et nous ne nous y arrêterons pas davantage, pour éviter les répétitions.

Vins de fruits, autres que les raisins.

De ce que nous avons dit, page 152 et suivantes, on peut tirer la conclusion générale, qu'en faisant agir du ferment sur du sucre, on produit du vin. Or tous les fruits sucrés, contenant plus ou moins de ferment, doivent pouvoir en produire, étant placés dans des circonstances favorables. Mais quelques-uns renferment plus de ferment et de sucre, et ceux-là doivent être préférés : ce sont pricipalement les groseilles et les cerises. Les prunes, les pêches, les abricots, en contiennent moins, mais on peut encore en faire du vin, si l'on emploie un peu plus de sucre, et que l'on ajoute de la levure. Nous ne citerons en exemples que les premiers : quant aux autres, on pourra les préparer avec les mêmes doses de fruits.

Quel que soit le fruit employé, on peut ajouter pendant la fermentation une livre de framboises ou d'abricots. Le vin que l'on obtient en prend un arôme fort agréable ; toutefois il ne faudrait pas que cet arôme fût trop fort. Dans aucun de ces vins on ne doit laisser de noyaux.

Vin de groseilles.

Dans une feuillette ou tonneau de cent quarante litres environ, mettez cent litres d'eau échauffée à vingt-quatre ou vingt-cinq degrés et une vingtaine de livres de sucre, ou, ce qui serait encore mieux, de sirop de raisin ; versez-y le jus de vingt-cinq à trente livres de groseilles et une livre de framboises ; mêlez bien le tout, et laissez fermenter dans une chambre dont la température doit être tenue à dix-huit ou vingt degrés. On juge que la fermentation est terminée quand on n'entend plus de bruissement dans le tonneau. On soutire alors à clair dans un autre tonneau, mais sans troubler. Si ce vin soutiré fermentait encore, il faudrait couvrir la bonde du tonneau avec un linge et une pierre posée dessus. Si l'on pense au contraire que la fermentation en est achevée, on bouche avec une bonde; seulement on place à côté un fosset que l'on tire de temps en temps jusqu'à ce qu'il ne sorte plus d'air avec sifflement. Pour donner de la couleur à ce vin on y ajoute dix à douze litres de vin de Roussillon ou autre aussi coloré, et, pour lui donner de la force, quelques litres d'eau-de-vie. Après deux mois on peut le boire, mais il est meilleur quelques mois plus tard.

Vin de groseilles à maquereaux.

Ces groseilles sont moins acides que les précédentes; il faut en mettre davantage, et une proportion moins forte de sucre ou de sirop. Sur un tonneau de même contenance que le précédent il faut mettre le jus de cinquante livres de groseilles, quinze livres de sucre, et remplir d'eau. Du reste la préparation se fait de même. On peut aussi ajouter de l'eau-de-vie pour donner de la force; mais il n'est pas nécessaire de colorer avec du vin fort. Ce vin est plus agréable que celui de groseilles à grappes.

Vin de cerises.

Dans un tonneau de même grandeur mettez quarante livres de cerises écrasées, et sans les noyaux, avec dix-huit à vingt livres de sucre; remplissez d'eau et faites fermenter comme les précédens : après la fermentation on ajoute quatre à six litres de vin coloré. Mais ce vin, pour être bon, a besoin d'être gardé un peu plus longtemps que celui de groseilles.

HYDROMEL.

L'hydromel n'est que la dissolution du miel dans l'eau chaude; la proportion est d'une once par pinte; on a alors l'*hydromel simple* en usage en médecine. Mais il en est un autre dont la place se trouve naturellement ici, parce que c'est véritablement un vin factice; aussi le connaît-on sous le nom d'*hydromel vineux*.

On ne doit se servir pour le préparer que du miel de bonne qualité. Si celui que l'on veut y employer avait un arôme ou une saveur désagréable, il faudrait l'en débarrasser en le purifiant avant d'en préparer l'hydromel. Pour cela on le délaie avec le quart de son poids d'eau, et l'on ajoute le vingtième de son poids également de charbon écrasé grossièrement. On fait bouillir le tout dans une bassine pendant un quart d'heure. Si le miel a une saveur acide, on y ajoute un peu de craie. Il ne reste plus qu'à passer à la chausse jusqu'à ce qu'il vienne clair et n'entraîne plus de charbon.

La force de l'hydromel varie selon la proportion du miel employé. Nous indiquerons plusieurs procédés en commençant par celui qui nous paraît préférable.

Mettez dans un tonneau cent litres d'eau; délayez-y vingt livres de miel et une demi-livre de levure en pâte, que l'on fera bien de délayer à part; on mêle le tout, et on place le tonneau dans un endroit dont la température doit être de quinze à vingt degrés, et on laisse fermenter. Pour le temps que doit durer la fermentation et le soutirage, il faut se conduire avec les précautions qui sont indiquées pour le vin de groseilles, page 161.

Après que la fermentation est achevée il faut placer la liqueur à la cave dans un petit tonneau qui doit être plein. On doit même en avoir quelques bouteilles de reste pour remplir d'abord chaque mois, ensuite à de plus longs intervalles. En vieillissant il se bonifie.

Cet hydromel est trop fort pour faire une boisson ordinaire. On aura cette dernière en employant le double d'eau pour la même quantité de miel. Nous allons cependant en indiquer une autre recette qui produit un hydromel plus fort encore.

Prenez douze livres de miel de première qualité et cinq à six pintes d'eau; faites bouillir, et écumez; laissez évaporer jusqu'à ce qu'un œuf frais puisse se soutenir à la surface de la liqueur;

passez à travers une toile ou un tamis; mettez-la dans un baril que vous exposerez à une température de vingt à vingt-cinq degrés de chaleur : laissez ainsi cette liqueur pendant deux ou trois mois en fermentation : on se contente de recouvrir la bonde, et on remplit le baril avec du même hydromel que l'on a soin de conserver dans une bouteille bien bouchée et mise au frais; au bout de ce temps, que la fermentation doit être terminée, descendez le baril à la cave, et un an après mettez l'hydromel en bouteilles.

On peut donner à l'hydromel des saveurs et des odeurs variées, en ajoutant pendant la fermentation des sucs de fruits ou des aromates. C'est ainsi qu'on est parvenu à imiter les vins de Constance, de Malaga, de Malvoisie, de Rota et autres. En se servant de fleurs de sureau à la dose d'une forte pincée par pinte, on obtient le goût du vin muscat. Il suffit, en purifiant le miel, de l'avoir fait assez bouillir pour lui donner un léger goût de cuit, pour donner à l'hydromel qui en provient une saveur qui le rapproche beaucoup du vin de Madère.

On peut aussi faire un hydromel sans fermentation d'une manière beaucoup moins longue, et dont le résultat est le même.

Prenez deux livres de miel, que vous mettez dans deux pintes d'eau; purifiez-le au charbon, passez-le au papier gris ou à la chausse; faites infuser, quelques jours d'avance, dans une chopine d'eau-de-vie, une pincée de fleurs de sureau et autant d'iris de Florence, avec trois amandes amères; ajoutez l'eau-de-vie à votre miel, mêlez bien le tout ensemble, exposez votre mélange pendant quinze jours au soleil, et filtrez-le ensuite.

PIQUETTE DE VENDANGE.

Quand votre vin sera foulé, et que vous aurez extrait tous les grains ou les marcs, entonnez-les dans un ou plusieurs tonneaux, selon la quantité de vin que vous en aurez récolté; emplissez-en vos tonneaux jusqu'aux trois quarts, et mettez dans chacun un quart de genièvre de l'année, avec une livre de cassonnade, bondonnez-les fortement; cette piquette fermente à un point qu'il est quelquefois nécessaire de la surveiller comme le vin. On peut, pour lui donner une couleur plus foncée et un goût plus spiritueux, jeter dedans du marc de cassis, après l'avoir retiré de l'eau-de-vie où il aura infusé.

PETIT VIN.

Pour faire ce petit vin, après avoir décuvé, n'exprimez pas le marc, et laissez-le dans la cuve; si elle contient quinze pièces de vin, le marc en retient un sixième, ce qui fait environ deux pièces et demie, et même un peu moins si l'on a égrappé; en ayant retiré le surmoût, fermez la cannelle, versez dans la cuve deux pièces et demie d'eau chauffée à quinze degrés, avec addition de vingt-cinq livres de sirop de raisin; si vous avez encore du raisin, des grappes même un peu vertes, enfin le rebut de la vendange, mettez tout cela dans la cuve, seulement vous ajoutez une plus grande quantité de sirop de raisin; couvrez votre cuve de son couvercle; en moins de deux heures la fermentation deviendra tumultueuse et ne durera pas plus de trente-six heures; alors décuvez, exprimez le marc, et mêlez ensuite ces deux vins. Ce vin n'aura pas le goût du terroir qui est passé dans le surmoût, et il n'aura pas non plus l'acide repoussant du vin de vigneron. Pour lui donner un bouquet agréable, on y mettra une ou deux poignées de tonte de pêchers, cinq ou six pincées de fleurs de sureau, et deux ou trois gros d'iris de Florence.

Ce vin est assez bon pour que l'on puisse même le servir sur la table.

DES PUNCHS.

Nous avons indiqué (page 55), à l'article du sirop de punch, la manière la plus simple de préparer cette boisson; cependant beaucoup de personnes préfèrent la faire eux-mêmes, et c'est peut-être avec raison, parce qu'elle paraît plus délicate et d'un goût plus agréable lorsqu'on la fait au moment de la boire.

Le punch se compose en général d'une liqueur spiritueuse, de sucre et de citron; on ajoute aussi très-souvent du thé ou du capillaire; le plus ordinairement il est bu chaud, mais quelquefois aussi on le prend glacé. Dans les recettes que nous allons citer, nous indiquerons des doses précises afin de guider plus sûrement; mais nous ne les donnons pas comme des règles dont on ne pourrait s'écarter; il faut au contraire mettre plus de sucre, ou d'eau-de-vie, ou de rum, suivant que l'on veut l'obtenir plus fort ou plus sucré, et suivant aussi que ces liqueurs sont plus ou moins fortes. Le punch qui est le plus estimé est celui fait avec du rum; mais comme ce dernier est d'un prix plus élevé que l'eau-de-vie, on peut, pour économiser, employer par moitié ces deux liqueurs. On ne doit point ajouter de rum dans le punch au vin. Le punch doit toujours être bu très-chaud; lorsqu'il est refroidi, on ne doit le réchauffer qu'au bain-marie. On a coutume de le faire brûler au moment de le servir, et l'on recommande même d'en consommer un tiers de cette manière. Si on le brûle beaucoup on détruit la partie spiritueuse, et par conséquent sa force, il devient plus onctueux et plus sucré. Il faut au surplus, pour que le punch brûle, qu'il ait une certaine force : quand il ne contient pas assez de liqueur spiritueuse, il ne peut s'allumer. Celui que nous allons indiquer le premier est dans ce cas, ou au moins il brûle avec assez de difficulté. Il en est de même du punch au vin.

Punch à la bourgeoise.

Prenez trois beaux citrons, coupez-en les zestes en petits morceaux le plus minces que vous pourrez ; dégagez ensuite la pulpe de toute la peau blanche qui la renferme, et coupez-la par tranches, en ayant soin d'en ôter les pepins ; mettez vos citrons avec les zestes dans une pinte d'eau bouillante, et faites-leur prendre quelques bouillons ; jetez dedans un gros de thé de bonne qualité et laissez infuser pendant cinq minutes ; retirez votre infusion du feu et passez-la dans un tamis de crin serré ou dans une serviette ; ajoutez-y ensuite un litre d'eau-de-vie et trois quartèrons de sucre blanc ; remettez le tout sur le feu, et quand votre punch sera prêt à bouillir, versez-le dans un bol de verre ou tout autre vase qu'il vous plaira, et servez-le chaud. Le punch fait de cette manière est extrêmement léger et agréable, et on peut en boire une assez grande quantité sans crainte d'être incommodé. Les personnes qui le trouveraient trop faible peuvent en augmenter la force à leur gré; pour cela il ne s'agit que de diminuer la quantité d'eau, en n'en mettant au lieu d'une pinte que trois demi-setiers, une chopine, etc.

Autre punch à l'eau-de-vie.

Prenez un citron d'une belle qualité; frottez-en l'écorce sur un morceau de beau sucre du poids d'une demi-livre environ; versez sur ce sucre ainsi imprégné de l'huile essentielle du citron, environ un demi-setier d'une forte infusion bouillante de thé vert, et ajoutez-y un rouleau de sirop de capillaire; exprimez le jus de deux citrons dont vous aurez eu soin d'ôter les pepins, et versez par-dessus le tout une pinte d'excellente eau-de-vie; mettez-y le feu; agitez avec la cuillère à punch, et quand votre liqueur sera réduite d'un tiers, éteignez la flamme en la soufflant, et versez aussitôt dans les verres.

Punch au vin.

Le punch au vin rouge, au vin de Champagne, etc., se fait de la même manière, à l'exception que vous ajoutez avec l'eau-de-vie une bouteille du vin dont vous voulez vous servir. On peut encore le préparer en mettant dans un bol le jus de deux citrons, une boueille de vin de Bordeaux rouge, avec un verre d'eau-de-vie, et en y versant une pinte d'eau bouillante, où l'on a fait infuser un gros de cannelle et fondre douze onces de sucre.

Si l'on emploie du vin de Sauterne, on conseille de ne mettre qu'un demi-verre d'eau-de-vie et autant d'anisette.

Enfin, si on le fait avec du vin de Madère, il suffit d'ajouter, au punch à l'eau-de-vie indiqué page 170, une bouteille de ce vin.

Punch au rum et au rack.

Le punch au rack et au rum se fait de la même manière que tous les précédens, avec cette différence que l'une de ces liqueurs remplace l'eau-de-vie.

Punch aux œufs.

Mettez dans un verre à punch une cuillerée à bouche de sirop de punch, et un jaune d'œuf; battez bien le tout ensemble avec la cuillère, et quand votre jaune d'œuf est bien délayé, remplissez le verre avec de l'eau bouillante, et remuez ensuite un peu avee la cuillère. Cette sorte de punch est fort agréable en hiver.

Punch au lait.

Il se fait avec une pinte d'infusion de thé et une chopine d'eau-de-vie que l'on réunit à une pinte de lait dans lequel on a mis infuser un gros de cannelle; on sucre à volonté.

Punch glacé ou *à la romaine*.

On jette sur le zeste de trois citrons une chopine d'eau bouillante, on y fait fondre une demi-livre de sucre : on ajoute, quand l'infusion est refroidie, le jus de ces mêmes citrons ; on passe le tout au tamis serré, et on verse dans la salbotière pour glacer, comme il a été dit page 100, mais en remuant avec une spatule jusqu'à ce que l'on fasse mousser le mélanuge. A moment de servir on ajoute un verre de rum et un verre de marasquin et l'on mêle en remuant légèrement. Il faut servir promptement pour que ce punch ne se fonde pas.

TABLE
DES MATIÈRES.

SECONDE PARTIE.

TROISIÈME PARTIE.

FIN DE LA TABLE DES MATIÈRES.

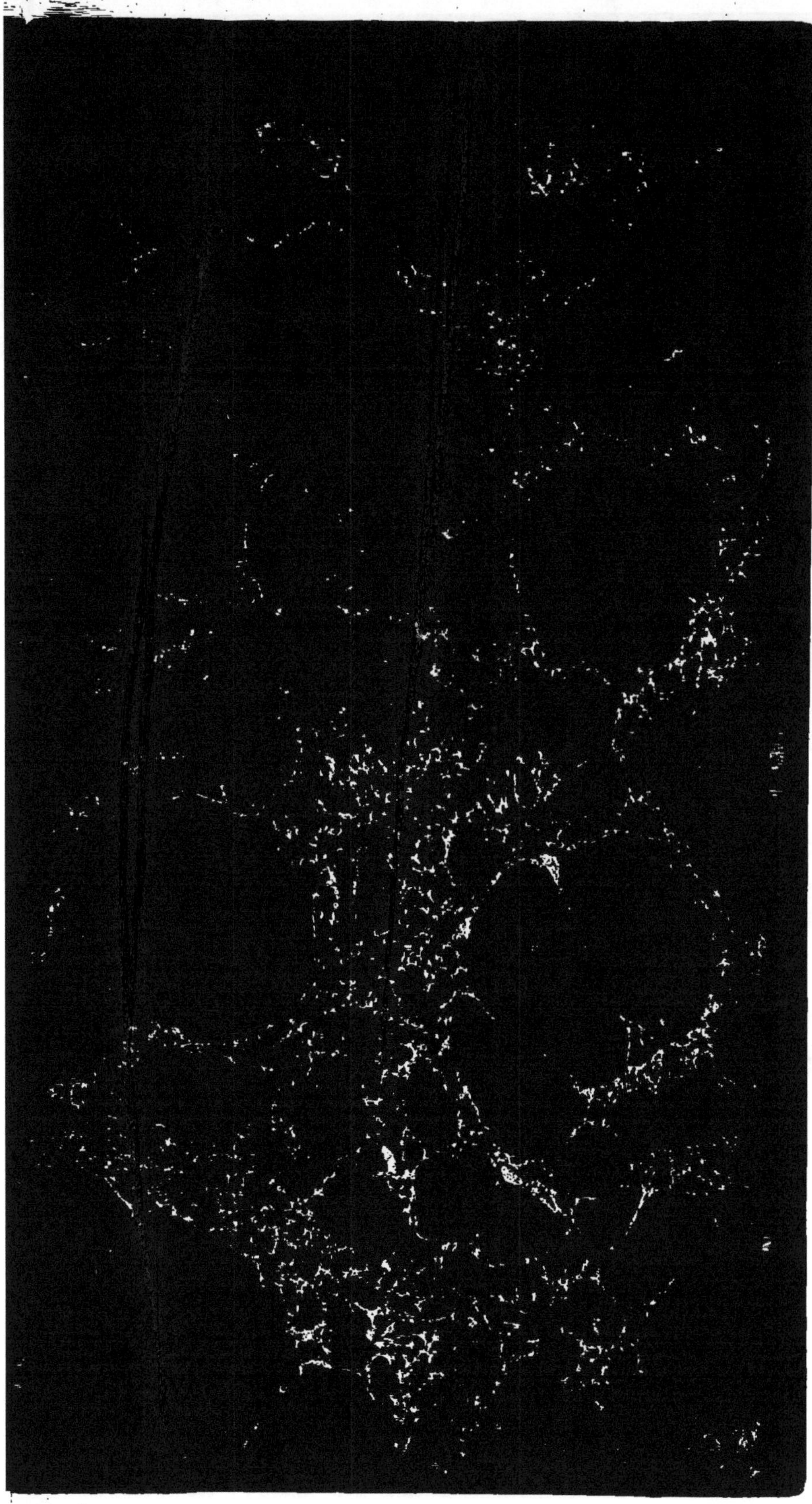

www.ingramcontent.com/pod-product-compliance
Ingram Content Group UK Ltd.
Pitfield, Milton Keynes, MK11 3LW, UK
UKHW020324230726
13925UKWH00002B/607

9 782014 430691